のめりこむ

「ものづくり日本」を人で支えた半世紀

日総工産名誉会長
清水 唯雄

プレジデント社

[目　次]

第2章　高度経済成長を底辺から支える

第3章　製造請負に新たな活路を見出す

第4章　社会に貢献し信頼される業界を目指し奮闘

第5章　逆境で見えてきた人材事業の新しい可能性

エピローグ　「ものづくり立国・日本」の再興へ

［プロローグ］

50年目の〝再始動〟

「製造請負」のパイオニア企業として

日総工産の前身、日総工営を設立してから、まもなく半世紀が過ぎようとしています。実際に独立・起業したのはそれよりさらに9年ほどさかのぼる26歳の頃ですから、その助走期間を含めると実に60年近くにわたって人材サービスに関わる仕事を続けてきたことになります。

人材サービスと一口に言っても、その内容は多岐にわたります。主には「労働者派遣」「有料職業紹介」「業務請負」「求人広告」などの分野がありますが、当社が中心的に取り組んできたのは「業務請負」です。そしてその後、労働者派遣法の改正を受けて、「労働者派遣」の分野に進出しました。

「業務請負」とは、文字どおり業務の一部または全部を請け負うことです。日本鋼管（現・ＪＦＥスチール）の溶接工としてキャリアをスタートさせた私が独立して最初に手掛けたのは、造船所の溶接作業の請負でした。当初は一人の職人として他の溶接工とともに現場で作業に携わっていましたが、次第に規模の大きな仕事を受けるようになり、多くの職人を束ねて、造船所だけでなく製油所や石油コンビナートなどの現場を切り盛りするようになっていきました。

その後、一般のメーカーからの仕事が増えていき、製造現場のニーズに対応する形で、溶接などの熟練を要する作業から、工場内のさまざまな作業を請け負うスタイルへと変わっていきました。

現場は当初、建設機械・生産機械メーカーの工場が中心で、自動車メーカー、電気・電子機器メーカーへと徐々に広がっていきましたが、業種としては製造業に特化していました。これが「製造請負」と呼ばれる業務請負の新しい形態として発展していくこととなりました。

日総工産は、この「製造請負」のパイオニア企業として、業界とともに成長してきたのです。

業務のスタイルとしては、発注者の企業の工場にスタッフを配置して作業を行うため人材派遣ではないかと誤解されることもありますが、請負事業者である当社がスタッフを直接雇用し、現場作業の指揮・命令もメーカー側からではなく当社が行う形となりますので、「派遣」ではなく「請負」なのです。

一方、労働者派遣では、派遣会社は派遣スタッフと雇用契約を結びますが、指揮・命令は現場で派遣先企業から直接受けることとなります。一つの製品や一つのパーツ、あるいは製造工程の特定のプロセスを丸ごと引き受ける業務請負とは根本的に異なるのです。

もともと製造業では、労働者派遣は禁止されていました。２００４（平成16）年３月施行の改正労働者派遣法により「物の製造業務」の労働者派遣が初めて認められました。当社は以前から別会社（日総ブレイン）で、事務系の労働者派遣を行ってきましたが、これ以降は製造業の分野でも派遣事業を展開することとなりました。

ただ、業務請負が当社にとって重要な事業であることは現在も変わりません。私にとって人材ビジネスとは、単に労働力のみを提供するサービスではなく、現場でのミッションに責任をもって応えることです。その根底には私自身、溶接職人として腕を磨き、独立後も現場で誇りをもって仕事に打ち込んできたという思いがあるのです。

過去のイメージの払拭に力を注ぐ

半世紀以上にわたり歩んできた道を振り返ってみますと、まず独立した当初は、とにかく仕事を早く軌道に乗せたいと、無我夢中で走り続けていた感があります。

しかし、法人化を果たし、さらにオイルショックを乗り越えてようやく経営が安定するようになってからは、会社の業績を伸ばすだけではなく、「製造請負」という自分が携わっている仕事を社会に認知させたい、世の中に必要な仕事であると認めてもらえるよう、業界全体の健全化、レベルアップを図りたいという思いが強くなっていきました。

そこで、社業の傍ら、業界全体の底上げを図るとともに行政や社会に製造請負の仕事について正しく理解してもらおうと、同業他社とも手を取り合って業界団体での活動にも力を注ぐようになったのです。

業務請負の歴史をたどると、戦前から建設現場や鉱山、工場などで働く「組夫」と呼ばれる社外労働者がいました。彼らは下請けである労務請負業者に雇われ、発注者である企業の屋内外の事業所構内で労働に従事していましたが、その多くは労働環境が劣悪で、賃金も下請け業者による中間搾取が横行し、多数の労働者が極貧の生活を強いられていました。

こうした状況が長く続いたことで、請負事業者へのネガティブなイメージが形成されていったのだと思います。

ところが戦後になると、GHQ（連合国軍総司令部）占領下の1947（昭和22）年に施行された職業安定法により、労働組合によるものを除き労働者供給事業は禁止されることとなりました。「組夫」制度は廃止され、直接雇用される「臨時工」に取って代わられるようになったのです。

それでも1952（昭和27）年には職業安定法施行規則が改正され、作業請負への規制は緩和されます。これにより構内請負事業者による「社外工」という形で、間接雇用は復活を遂げます。

こうして1950年代から高度成長期にかけて、造船や鉄鋼、石油化学などの分野で、社外工という形で業務請負（「構内外注」とも呼ばれます）は拡大していきました。私が独立した当初、行っていたのが、まさにこの分野の請負業務でした。間接雇用が認められるようになったとはいっても、「組夫」制度が復活したわけではなく、中間搾取、強制労働、劣悪な労働環境などの多くはすでに過去のものになっていましたが、業務請負に対する社会の目、そして行政側の見方には相変わらず厳しいものがありました。

その背景には、過去の悪しきイメージの払拭が一朝一夕にはいかないということもあったと思いますが、一方で、雇用主としての基本的な遵法ルールを軽んじる請負事業者が相変わらず多かったことも大きかったといえます。コンプライアンス意識の低い業者の存在が、業界の信用構築の大きな障害になっていたのです。

この傾向は、業務請負の対象が鉄鋼・造船などの重厚長大産業から、機械・自動車・電気・電子といった一般の製造業に広がる中で、さらに強くなっていきました。

私自身、日本鋼管の本工（社員）として現場を経験し、独立後もしばらくは職人の立場で仕事を請け負っていましたので、スタッフの労働条件や雇用にあたって必要な社会保障などについては、独立当初から不備のないよう対応に努めてきました。しかし、製造請負の市場拡大に応じて他分野から参入が相次ぐ中で、やはり労働法規を守っていないと思われる事業者が増えていったのです。

ものづくり立国・日本を支える力に

こんな状況をとにかく変えたい、そんな思いで1989(平成元)年に業界団体「日本構内請負協議会」を設立し、2000(平成12)年には「日本生産技能労務協会」へと社団法人化して、同業の理事仲間たちと一緒に請負業界の健全化、発展に力を注いできました。

情熱をもって業界の底上げに尽力しつづけてこられたのは、自分たち請負事業者が日本の産業を根底から支えているという誇り、自負心があったからだと言えるかもしれません。

本章で詳しく触れますが、戦後の高度成長が一服し、その後はオイルショック、リーマンショックなどの荒波にもまれてきたことで、日本の製造業は生産体制、人員体制の見直しを迫られることとなりました。国際的な競争力を維持し成長を続けるには、経済情勢の変化に応じて柔軟に生産調整を図ることができる体制を取ることが不可欠で、そのためには私たち人材サービス企業が担う役割がますます大きくなってきているのです。

もちろん大規模な経済危機に見舞われれば、人材サービス事業者は最も深刻な影響を被りますし、現にオイルショックやリーマンショックの際には、社業の継続も危ぶまれるほどの打撃を受けたのは事実です。

しかし、そうした危機を乗り越えていく中で、私たちが目指すべき方向も明確に見えてきたのです。それは、当社が長年にわたり掲げてきた経営理念「人を育て　人を活かす」の精神に立ち返るということです。

人材事業者にとっては、まさに人こそが財産です。発注者からの信頼を勝ち取り、期待される成果を上げるためには、人の育成は不可欠であるといえます。そのため、当社では早くから人材の育成に力を注いできました。さまざまな専門分野で研修プログラムを設け、資格取得を奨励し、研修施設の充実にも努めてきました。

そうした努力は一定の成果をもたらし、顧客との信頼関係の構築にも貢献してきましたが、製造請負における人材の育成はリーマンショックを境に新しいステージに入ったといえると思います。

つまり、請負先企業にとって（ひいては日本の製造業にとって）真に価値のある人材を育てる――いわば〝余人をもって代えがたい〟人材を育成することで、不況下に強い、安定した雇用・処遇を確保できるということです。

このことは、ものづくり立国・日本が長年にわたって培ってきた、製造現場における技術・技能を正しく継承し、維持し、次代に伝えていくという、産業界における新たな役割を私たちが担っていくことにもつながっていくのではないでしょうか。

半世紀にわたって当社が積み上げてきた人材サービス事業における経験をベースに、この新たなチャレンジを成就させ、日本の「ものづくり」を微力ながら支援させていただければと考えています。

本書は、出生から現在に至る私自身の半生を綴った回顧録ですが、同時に製造業における人材サービスの歩みをたどる記録としてもお読みいただけるものと思います。26歳で独立して構内請負からスタートし、やがて製造業全般へと舞台を移し、時代のニーズにその都度応える形で事業を展開してきましたので、まさに私の人生そのものが戦後日本の人材サービスの一つの歴史になっていると思えるからです。

本書を通じて、製造請負を中心とする人材関連事業の変遷、産業界に果たしてきた役割や現在の課題、そして将来に向けての可能性などについて知っていただければ幸いです。

［第1章］

ものづくりの現場からの〝出発〟

戦争とともにあった幼少期

私は１９３６（昭和11）年８月21日、横浜市鶴見区で生まれました。

１９３６年といえば、陸軍将校らによるクーデター未遂事件、二・二六事件が起こった年です。翌年には北京郊外で発生した盧溝橋事件をきっかけに日中戦争が勃発し、そして１９４１（昭和16）年12月には海軍によるハワイ・真珠湾への奇襲攻撃が決行されます。

まさに、日本が戦争に突き進もうとするさなかに生を受け、物心がつく頃にはすでに太平洋戦争が始まっていたのです。ですから、私の幼少期は戦争とともにあったといえます。

父・康雄は旋盤工で、池貝鉄工所（現・池貝）という会社に勤めていました。出身は長野県長野市で、善光寺の近くです。実家はもともと農家だったとのことですが、その後、市街地で布団屋を営むようになりました。父は、若い頃に東京に出てきて、旋盤の技術を身につけたようです。

池貝鉄工所は国産第1号の旋盤を開発したメーカーとして知られていますが、当時は軍需工場として操業していました。1938（昭和13）年に制定された国家総動員法により、戦争遂行のためには政府が国のすべての人的・物的資源を統制運用できるとされたため、民間企業も軍事目的に動員されるようになっていたからです。

戦時中、父は工場で大砲の砲身製造に携わっていました。大砲の筒の中を削っていく作業で、相当な技術が必要だったのだと思います。本来なら徴兵され軍に入隊するところですが、旋盤の技術を持っていることが幸いして、戦地に赴くことなく工場勤めを続けていました。

母・ハルは福島県の出身です。田舎なのでこれという仕事がないので、15、6歳の頃に東京に働きに出てきて父と知り合ったということです。どちらかというと頼りなくて、仕事熱心というわけでもなかった父に対し、母はしっかり者だったので、わが家は母が切り盛りしていたという印象があります。

きょうだいは私を含めて5人。私はちょうど真ん中で、兄が2人と妹が2人おりました。小学校に上がる頃には、世相は戦争一色になっていましたが、子どもでしたから悲壮感などはなく、毎日元気に走り回っていました。

自宅の近くに森永製菓の鶴見工場があって、当時はキャラメルを作っていたのですが、空襲で爆撃があった後など周辺にキャラメルが散乱していたことがありました。そんなときは、空襲が止むとまっしぐらに工場の近くまで駆けていき、キャラメルを拾い集めたものでした。何しろ戦時中は食糧難で、特に甘いものにはなかなかありつけませんでしたから。

また、爆弾の破片がコンクリートの道路に突き刺さっていることもあり、これも引き抜いて集めていました。金属は武器製造に欠かせない資源として不足しており、こちらも貴重だったのです。

食糧事情がよくなかったことで、当時、おやつ代わりによく豆粕《まめかす》を食べていましたところが、あるとき食べすぎて重い消化不良になってしまったのです。豆粕は大豆から油を搾ったあとのカスですから消化が悪く、本来は飼料や肥料などに使われるものです。それを大量に食べたので、胃腸が面食らってしまったのでしょう。

症状はかなり重篤で、医者に診てもらったところ「これはもう助からない」とさじを投げられてしまいました。その後しばらく家で療養していましたがやはり症状は変わらず、見かねた両親が「どうせ助からないのなら、せめて空気のいいところでおいしいものを食べさせてやろう」ということで、母方の田舎の福島に連れて行ってもらうことになりました。

当時すでに母の両親——私にとっての祖父母や、母のきょうだいはもういなかったのですが、実家が所有していた小さな家が山の中に一軒残っていて、そこに滞在することになりました。

毎日きれいな空気を吸い、近くで採れる山菜や新鮮な野菜などを食べて過ごしていましたが、しばらくすると消化不良は次第に快方へと向かい、健康を取り戻すことができたのです。

それ以来、胃腸はすっかり丈夫になりました。何を食べても飲んでも平気な体質となり、今に至っています。

疎開先で迎えた終戦

その後、鶴見に戻りましたが、戦局が徐々に悪化していき、日本軍は次第に劣勢に立たされるようになりました。すると１９４３（昭和18）年、ついに父の工場も操業停止に追い込まれました。空襲もだんだんひどくなり、東京や神奈川では米軍のＢ29による爆撃が頻繁に起こって、甚大な被害をもたらすようになっていました。

そこで、私たち一家は、食中毒のときに訪れた福島に疎開することになったのです。先ほど述べたとおり身近な親族がすでにいなかったため、遠い親戚を頼っての縁故疎開という形になり、前回と同じ山の中の一軒家で暮らすことになりました。

ただ、歳の離れた一番上の兄だけは、横浜に残りました。もともと東芝に勤めていたのですが、その頃は飛行機乗りを目指して予科練（海軍飛行予科練習生）を志願し、その訓練生になっていたからです。

福島では、母が親戚筋の家に通い、農作業を手伝うなどして食料品や手当てをいただいていました。疎開前はひもじくて、いつもお腹をすかせていましたが、疎開先ではそこそこ食べられるようになりました。

小学校2年生だった私は、毎日40分ほど歩いて小学校に通っていました。都会っ子は疎開先でいじめられることが多かったようですが、私の場合、あまりいじめにあった記憶はありません。

学校から帰ると、野山でタケノコやキノコを採るのが日課でした。近くの川でエビガニを釣って食べたこともありました。空襲もなく、食べるものにも事欠かなかったので、太平洋戦争のさなかではありましたが、疎開先ではしばし戦争のことは忘れ、穏やかな月日が流れていきました。

しかし、そんな平穏な日々も突然、終わりを告げます。

疎開した翌年、1945（昭和20）年8月15日、学校に行くと、担任の先生から「今日は天皇陛下がラジオを通して大事なお話をされる」と聞かされ、正午前に生徒全員、ラジオの前に立たされました。

「大切なお言葉だから、姿勢を正して静かに聞くように」

そう話す先生たちの表情は一様にこわばっていて、子どもながら何かただならぬ事態が起こりつつあるのだな、と感じました。

そして、正午ちょうどから玉音放送が流れ、天皇陛下ご自身の肉声で終戦の詔勅が語られました。陛下のお言葉は小学校3年生には難しく、きちんと理解することはできませんでしたが、うなだれて言葉を発することができない先生たちの表情から、日本が連合軍に負け、戦争がついに終わるのだということはわかりました。

終戦を迎えたとはいえ、直後は首都圏も混乱しており、特に横浜は空襲の被害がひどかったためすぐに戻ることはできず、私たち一家が鶴見の家に帰ることができたのは年を越した1946（昭和21）年になってからでした。

戻ってみると鶴見の駅周辺は一面焼け野原と化しており、終戦間際の空襲の凄まじさを物語っていました。

ところが、多くの家屋が焼けて崩れ落ちている中、わが家は奇跡的に火災を免れていました。これで住むところの心配をせず、疎開前と変わらず家族と生活できるようになったのです。

一人残された一番上の兄はというと、幸い戦地に駆り出されることなく無事でした。しかしその後、戦後の食糧難の中、栄養不足で肺結核を病み、わずか21歳で亡くなってしまいました。大手企業に勤め、一家の総領として家族みんなの期待を背負っていただけに、兄の逝去は悲しく、ショックでした。

戦後の混乱期を逞しく生きる

さて、横浜に戻ったものの、父が勤務していた工場は閉鎖されたままで、仕事がない状態がしばらく続きました。

終戦後の横浜では、多くの施設が占領軍に接収され、街はアメリカの軍人たちであふれていました。そこで父は、そうしたアメリカ軍の施設で仕事を探し、ようやくガードマンの職を得ることができたのです。

戦争は終わったものの、食料品や衣料品などは配給制が続いていました。物資が不足していた時代でしたから、配給される量はごくわずかで、家族全員を養っていくにはとても足りませんでした。

そこで、父はよく私を連れて食料品の買い出しに出かけたものでした。横浜線に乗って小机や中山、淵野辺といったあたりの農家を訪ね、持参した砂糖や着物と農作物を交換してもらうのです。リュックサックを背負わされ、父とあぜ道をとぼとぼと歩いたことを覚えています。その頃砂糖は貴重品でしたが、父はアメリカ軍の関係先から入手していたようです。

交換して手に入れるのは、米よりもサツマイモが多かったです。というのは、サツマイモは家族で食べるだけでなく、ふかして路上で売っていたからです。

鶴見駅の西口から続く道路、今は豊岡通りといっていますが、ここに仕事にあぶれたと思われる男性たちが、毎日ぞろぞろと繰り出していました。母は通り沿いに露店を開き、ミカン箱に布をかぶせた台の上にふかしてきたサツマイモを並べます。

「甘くておいしいふかし芋〜。ふかし芋はいかが！」

道行く人に声を掛けると、これが面白いように売れたのです。

私も母について行って、よく一緒に店番をしていました。この上がりも結構、生活費の足しになりました。

こんな生活が終戦後数年の間は続きました。まだまだ日本中が貧しく、皆生きるのに必死だったのです。それでも中学に上がる頃から、だんだんと暮らし向きはよくなっていきました。

中学生になると、私はアルバイトに精を出すようになりました。というのは、父があまり仕事熱心ではなく休みがちで、母が苦労している様子を見ていたからです。

子煩悩で優しく、いい父親ではありましたが、戦後は専門だった旋盤の仕事から離れたこともあり、仕事への意欲を失っているようでした。朝、出かけても会社の門をくぐらず戻ってきてしまうこともありました。

「……ただいま」

「まだお昼前じゃない。会社はどうしたの」

「今日は……臨時休業になってさ」

そんな父に母はずいぶんと手を焼いていたようでした。町工場でパートタイマーとして働くなど、父に代わって生活費をせっせと稼いでいました。

そこで私も、少しでも家計の足しになればと、新聞配達、牛乳配達などに精を出しました。

年末には、松飾りや註連縄《しめなわ》などの正月飾りを売る仕事をしました。友だちの親が営んでいた商売で、年末になると小屋を建てて売っていました。せいぜい3、4日の短期アルバイトでしたが、実入りはよく、結構稼いだものです。

稼いだお金で、妹たちが遠足に行く際など、小遣いを渡してやったこともありました。

一方で、中学では部活動にも熱中しました。入部していたのは、美術部と柔道部。美術部では、定期的に部員が描いた絵を貼り出して保護者などに買ってもらうバザーを開いていましたが、私が描いた絵

17歳頃、家族と（前列左より妹・久代、父・康雄、妹・美代、母・ハル、2列目左より兄・好雄、唯雄）

は割と評判がよく、結構売れました。顧問の先生が、「きみのものを見る感覚はなかなか鋭いね」などとほめてくださったことを覚えています。

柔道の方は性に合っていたのか、夢中で練習に取り組みました。学校だけでなく、近くの町道場にも通っていました。高校時代、そして就職してからもずっと続け、最終的に2段まで昇段することができました。

日本鋼管に就職、溶接工となる

1950(昭和25)年、北朝鮮が朝鮮半島を分断していた北緯38度線を越えて韓国に侵攻を開始し、朝鮮戦争が始まりました。せっかく太平洋戦争が終わって平和な時代になったのにと、庶民の多くが不安に駆られましたが、これが戦後の日本経済を一気に押し上げる要因になります。

開戦に伴って、アメリカ軍から国内の企業に物資やさまざまなサービスの発注が相次ぎました。私は横浜におりましたので、現地で故障したアメリカ軍のジープやトラックが船で横浜港に送られてきて、これを日本の業者が修理してアメリカ軍に送り返す、といった光景を目の当たりにしていました。

こうした朝鮮特需が引き金となって、国内の造船業も息を吹き返すようになります。家の近くにあった日本鋼管の鶴見造船所も、この流れに乗って順調に業績を伸ばしていき、私が高校を卒業する頃には高い収入が保証される好業績企業として人気を集めるようになっていました。

ただ、一方で当時の過酷な造船業界の労働環境から〝カネと命を交換する仕事〟などとひどい言い方もされ、給料が高い半面、危険を伴うきつい労働でも知られていました。

さて、いよいよ就職という時期になって、私が選んだのはその日本鋼管でした。近

16歳の頃

所にあったということと、家が裕福でなかったため、とにかく早く稼ぎたかったからです。

志望者が多く競争率は高かったのですが、高校時代に柔道に打ち込んできたことが面接試験で評価されたようで、採用されることになりました。

私が配属されたのは溶接部門です。大型船舶の製造現場では、さまざまな溶接技術が要求されます。入社したばかりの頃は、上司や先輩に指導してもらいながら、必死に溶接の基礎を学ぶ毎日でした。

慣れてくるといよいよ現場に入っての作業となりますが、噂に違わず溶接の作業は過酷なものでした。夏場は作業場の温度が70度を超えることもあり、全身汗まみれになって体力も消耗します。

日本鋼管鶴見造船所（1970年頃）

最初の頃は比較的難易度が低く安全な作業が中心になりますが、慣れてくるにしたがって、難しい作業、リスクを伴う作業も任されるようになります。

溶接には技量に応じた各種資格も設けられており、私も会社が推奨する資格試験に次々とチャレンジしていきました。溶接工に不可欠といわれるＪＩＳの溶接技能者資格をはじめ、アメリカ船級協会など海外の団体による資格もありました。

かつて溶接の資格は１級、２級、３級と等級分けされていましたが、私は低い等級から挑戦し、最終的にはいずれの資格試験でも１級を取得することができました。

級によって要求される溶接技術は異なり、主に３級は「下付け」といって下に向けて行う初歩的な溶接、横向けに溶接を行う「横付け」が２級、そして最も難易度が高い上方向の溶接「天井付け」が１級でした。

１級の「天井付け」には、とりわけ高度な技術が必要です。上に向かって作業をする難

日本鋼管入社の頃

しさとともに、熱い溶接材料が作業者目がけて落ちてくるため、それをよける技も必要になるのです。

革製の前掛けをして作業をするのですが、それでも火の塊のような熱い材料が前掛けの隙間から体を直撃することがあります。ものすごく熱いのですが、下手に動くとやけどの範囲が広がってしまうので、そんなときは冷めるまでじっと我慢するしかありません。

ですから、溶接の仕事を長く続けていると、小さなやけどの痕が体じゅうに刻まれていきます。もちろん、次第に慣れてくるとよけ方がうまくなり、やけどをする頻度も減っていくのですが。

仕事と課外活動に打ち込み、22歳で結婚

こうして資格の取得に挑戦しながら、現場での経験も重ねていくことで、溶接工と

しての腕はめきめきと上がっていきました。

溶接法の一つに電気を利用して金属同士をつなげる「アーク溶接」があるのですが、通常はメーターで電流の強さを確認しながら行います。しかし、熟練工になると、メーターで確認しなくても火花が散るときの音だけでわかるようになるのです。

私も最終的には音だけで判断してアーク溶接を行うことができるようになりました。「溶接に関しては極めつくしたな」と実感できた次第です。そこで、今度は下請けの会社から来る溶接工の指導にも当たるようになりました。

当時から造船の現場では、多くの下請け企業が入っていました。溶接だけでなく、鉄工、配管、内装工事など、それぞれ専門分野の職人が構内請負という形で現場を支えていたのです。

下請け企業は、造船の工程に応じて入れ代わり立ち代わり入ってきます。最初は溶接、鉄工の職人たちが大挙してやってきて作業を行い、それが完了し進水式を終えると、今度はさまざまな設備・装置を取り付ける艤装《ぎそう》や、内装、電気工事等の業者が乗り込んで作業をします。

職人たちはその現場での作業を終えると、別の造船所に移ります。横浜周辺では、桜木町地区からのちに本牧・金沢地区に移転した三菱重工業横浜造船所（現・三菱重工業横浜製作所）、川崎には日立造船神奈川工場、東京・豊洲には石川島播磨重工業（現・ＩＨＩ）の造船所がありました。職人たちは、これらの造船所を渡り歩いていたのです。

こうした外注先からやってくる溶接工たちの多くは、すでに３級、２級の資格を持っていましたが、さらに高度な溶接技術を身につけてもらうために、１級の資格を持っていた私が作業の傍ら指導を行っていました。その後、自分自身がこうした職人たちを束ねて構内請負の仕事を始めることになるのですが、このときの経験が大いに役立ってくれました。

こうして毎日、自分自身の作業、職人たちの指導と忙しく立ち働きながら、終業後は柔

全国大会を前に練習に精を出す
（日本鋼管社内で。20歳頃）

道の練習などにも打ち込んでいました。

ずっと柔道を続けたかった私は、日本鋼管でも柔道部に入部しましたが、高校での戦績が評価されて、最初から代表として対外試合などに出場しました。段位も町の道場に通っていた頃は1級どまりでしたが、日本鋼管では2段まで昇進しました。入社2年目には、全国実業団柔道選手権の関東大会で優勝することができ、その後、大阪で開催された全国大会にも出場しました。

また、柔道部と並行してダンス部にも籍を置いていました。社交ダンスです。横浜はアメリカの軍人が多かったこともあり、当時ダンスホールがあちこちにできて、社交ダンスが流行っていたのです。

結婚したのもこの頃です。

妻の智恵子は私の2歳下の妹の同級生で、学生の頃から家にちょくちょく遊びにきていました。当時、

キャンプ場で智恵子と（18歳頃）

私は高校生でしたが、数学が割合に得意でしたので、家で彼女の勉強を見てあげる機会が何度かあり、だんだんと親しくなっていきました。といっても、当時はまだ彼女も子どもでしたので、一緒に遊ぶ仲間という感じでした。

それでも、私の柔道の試合があれば来てくれたり、キャンプに一緒に行ったりと、会う機会が次第に増えていき、お互い異性として意識しあうようになったのだと思います。私も社会人になって数年経ち、生活も安定してきていたので、ごく自然な形で結婚に至った次第です。

結婚式は盛大なものではなく、近所の人たちに声を掛けて自宅に来てもらい、質素に小ぢんまりと挙げました。最近も派手さを抑えた「ジミ婚」が流行っているようですが、それよりもさらに控えめであっさりしたものでした。

結核を患ったのを機に〝独立〟を決意

日本鋼管に入社して5年目――23歳の頃でしたが、体に異変を感じるようになっていました。

仕事がハードで、おまけに課外活動を2つも掛け持ちしていたこともあり、体が悲鳴を上げていたのでしょう。肋膜に水が溜まるようになりました。そして、そのあと結核になってしまったのです。

当時、結核の治療にはすでに抗生物質のストレプトマイシンが使われており、私も服用していました。しかし、今の治療薬ほどの効果はなかったようで、会社に届を出して長期療養に入ることになりました。

その後1年ほどで結核は治癒しましたが、もう会社に戻ろうという気持ちはなくなっていました。もともと一つの会社に長く勤めるつもりはなく、チャンスがあれば自分で何かをやろうと考えていたからです。

子どもの頃から、何か人と違うことをやりたい、という思いを漠然と抱いていました。具体的に「これをやりたい！」というものがあったわけではないのですが。溶接工としてキャリアを積んだことで手に職をつけることができたので、これを頼りにまずは会社に属さずフリーの職人としてやっていこうと考えました。

そこで、各メーカーに溶接工を紹介する会社に登録し、あちこちの造船所で働くようになりました。フリーの立場で現場を渡り歩くことで、職人としての技量にさらに磨きがかかるとともに、多くの職人たちと知り合うことができました。

それから3年ほど経った26歳のとき、一つの転機が訪れました。いつもどおりある現場で溶接の作業をしていたところ、通りかかった旧知の工事会社の担当者に声を掛けられたのです。

「神戸で腕のいい溶接屋が60人ほど必要になったんだけど、集められないかなあ」

「腕利きを60人も？　どんな現場ですか」

「神戸製鋼所で高炉をつくるんだよ。難しい現場になりそうなんで、一流の職人でなければダメだということだ」

「神戸……ですか？」

「現場が動き出すまでまだ半年あるんだけど、どうだろう？　半年かけて60人集めてくれないかなぁ。もし集められたら、この仕事は全部キミのところに任せるよ」

60人もの溶接工、しかも腕のいい職人を集めるのは、並大抵のことではありません。しかし、これはめったに巡ってこないチャンスではないかと思いました。もちろん、自分にとって初めてのことなので、できるという確信が持てたわけではありませんでした。

それでも、話を聞いているうちに、挑戦したいという気持ちがむくむくと頭をもたげてきました。

そして、その場で「ぜひ、やらせてください」と二つ返事で請け負っていました。

これが、現在の日総工産へとつながる人材事業の最初の一歩となったのです。

［第2章］

高度経済成長を底辺から支える

神戸の高炉建設プロジェクト、始動！

神戸製鋼所の高炉建設に必要な腕利きの溶接工を60人集める――。当初は難しいと思われたミッションでしたが、およそ4～5カ月ほどで約束の60人を確保することができました。

職人たちをどうやって集めたかというと、すべて縁故、つまりは職人たちの横のつながりからです。紹介してもらうにあたっては、腕がいいだけでなく、トラブルなどを起こされても困るので、人物についても慎重に確認しながら進めていきました。

「この人たち、酒飲んで暴れたり、問題を起こしたりすることはないよね？」

「大丈夫。間違いを起こすような奴は一人もいないから。俺が責任持つよ」

こんな調子で次々と候補者が決まり、半年を待たずに約束を果たすことができたのです。

この仕事の元請けは、石川島播磨重工業でした。ここが高炉全体の建設を請け負っていました。そこからさらに一次下請けの工事会社が入っていましたが、今回、話をくれたのはその工事会社です。

さて、いよいよ60人の職人を引き連れて、現地に〝のっこむ〟ことになりましたが（職人が大勢で現場に入ることを「のっこみ」と称していました）、寝泊まりする場所はどうするか——。工事会社と協議した結果、現地に飯場《はんば》を用意してもらうことになりました。30人収容できる飯場を2棟建ててもらい、準備ができた職人から現地に入ってもらうことにしました。

ちなみに、このとき住居に関しては先方にすべて用意してもらいましたが、その後の現場では、職人自らが溶接の技術を生かして風呂などを拵《こしら》えることも多かったです。鉄板を持ってきて、一晩で大きな風呂釜と浴槽を2つもつくってしまうこともあり、手際のよさに感心したことを覚えています。

製鉄会社の熱風炉（1960年代頃）

こうして神戸での高炉建設がスタートしました。完成まで丸2年を要する大プロジェクトでした。プロジェクトが終了する頃には、もう私は職人仕事を辞めて、現場のマネジメントに専念していました。というのは、職人たちは腕はいいが、酒は飲むし、ときどき喧嘩沙汰もあったりして、トラブルを処理したり、いろいろな相談に乗ったりとひとときも気が抜けなかったからです。

みんな高い技術を持っている溶接の専門家たちですから、高額の報酬を得ていましたが、〝宵越しの金は持たない〟気風が強く、酒やギャンブルで給料を数日のうちに使い切ってしまう職人も多くいました。

「おやっさん。すまないけど、また前借りできないかなぁ」

「もう使っちゃったのかい。給料が出てから、まだ1週間しか経ってないよ」

「頼むよ。おやっさん」

当時、私はまだ20代でしたから、すでに長男（清水竜一、現・日総工産代表取締役会長）も誕生していたとはいえ、私より年上ばかりだった職人たちから見れば若造です。それでも現場を仕切っていた私を「おやっさん（おやじさん）」と呼んで、何かと頼ってくるのです。

そんな職人たちを叱咤したり、なだめたり、相談に乗ったりしながら、現場を切り盛りしていました。

神戸のプロジェクトがスタートして1年ほど経った頃、今度は大阪から声が掛かりました。大阪ガスの尼崎工場で球形タンクを2基つくるというのです。

それまでも職人の出入りが結構あり、辞めていく溶接工の補充を繰り返していたことで、人集めにもだいぶ慣れてきていたのと、神戸の現場でも常に60人必要なわけではなかったことから、この仕事を受けることにしました。

さらに時を置かず、旭化成の延岡工場からも球形タンクをつくる話が来ました。現場が九州の宮崎と距離がありましたが、こちらも引き受けました。

こうしてだんだんと構内請負の仕事が増えていきました。当時はまだ個人事業とし

“若造”親方だった27歳の頃

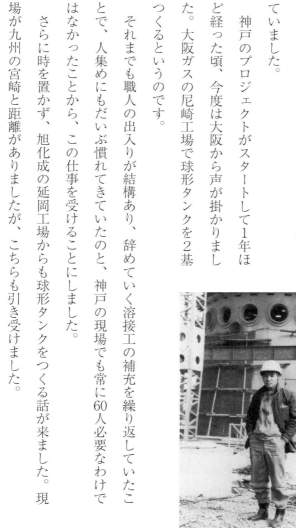

て運営している段階でしたが、名前もなしでは不都合なので、当初は「清水組」、後には「清水工作所」と称して仕事を受けるようになりました。

しかし、まだまだ事業としては安定せず、一定規模のプロジェクトを連続して受注しつづけるのは難しかったです。大型案件が終了に近づくと、職人たちはほかの現場へと移ろうとしますが、それを引き留めて次の仕事につなげようと必死になって奔走しました。

その結果、日本石油（現・JXTGエネルギー）など京阪神工業地帯の石油コンビナートの仕事や、さらに日本セメント（現・太平洋セメント）をはじめとするセメント関連の仕事なども請け負うようになっていきました。

日本セメントで請け負ったのは、セメントの原料を入れて焼成する大型の回転窯「ロータリーキルン」の溶接作業です。大量の原料を1450度もの高温で燃焼させるため、高度な溶接技術が必要でした。

この頃には、職人たちの層も厚くなり、プロジェクトの差配にも慣れてきていましたので、このような難しい現場もトラブルなくこなすことができるようになっていました。

建設現場から工場へ――構内請負への転換

その後、増えていったのは建設機械、産業機械などのメーカーからの依頼です。

当時の日本は、朝鮮特需以来の高度経済成長の波に乗っていました。年10％を超える経済成長が続き、1956（昭和31）年の経済白書で「もはや戦後ではない」と宣言されます。戦後解体された財閥系企業も徐々に息を吹き返し、戦前から日本の成長を支えてきた「重厚長大」型産業が本格的に再始動します。

1964（昭和39）年の東京オリンピックなども景気を後押しし、東海道新幹線や東名高速道路をはじめとする交通インフラが次第に整備されるなど、公共工事や建設の需要が増大していきます。

こうした流れに対応してニーズが拡大していったのが、建設機械や産業機械です。

建設機械、産業機械の製造ラインでは、ポンプをはじめ難しい溶接が必要とされる工程が多く、自前で職人を確保できないメーカーから「工場の溶接加工ラインの仕事を請けてくれないか」といった依頼が来るようになったのです。

工場の中に職人を送り込んで一部の工程の業務を請け負うという、今に至る日総工産の主要業務「製造業構内請負」のルーツは、まさにここにあります。

当時取引があったのは、建設機械メーカーでは小松製作所、産業機械では荏原製作所、新潟鐵工所などでした。荏原製作所では、かつて羽田にあった本社工場をはじめ、川崎、藤沢、少し後に袖ケ浦と、各工場で溶接の業務を請け負いました。

それまでは建設関係の仕事が中心でしたから、大半が屋外の作業で、天気に左右されることが多かったのです。特に溶接の仕事は、雨が降ると休まざるを得ない。

しかし、納期が迫っているときなどは、突貫工事をしなければならないこともあり、そうなると雨が降ろうと槍が降ろうと、期日までにやり遂げなくてはなりません。道路工事で地下に埋め込む埋設管を溶接するときなど、よく徹夜で作業をさせられたものです。

屋外で行う工事関係の仕事で一番困るのは、必要な材料が入ってこず、ひたすら待たされるときです。プラント関係の工事などで、パイプとパイプをつなぐ際に、バルブやメーターなどの機械が入っているパーツを取り付けることがありますが、そのパーツがいくら待っても入ってこない、ということはよくありました。

ひどいときは半月ほど待たされることもあり、その間もギャランティの6割相当を職人たちに支払わなければなりません。6割の保障は当時の相場で、それがないと職人たちを引き留めておくことができなかったのです。

それまで蓄えてきた利益を放出しなければならず、また、手持ちのお金がないときは資金繰りに奔走しなければなりませんでした。

こんな不安定な状態では、いつまで経っても余裕は出ないし、安定して事業を広げることはできないなと考えていたところに、工場での構内請負の仕事が舞い込んできたのです。

報酬は、屋外の相場が日給約2000円強だったのに対し、工場では1500円前後と7割ほどでしたが、安定して仕事を請けられることが何より魅力でした。

こうして建設現場から工場内での作業へと、請け負う仕事は大きく変わっていきました。

〝飲み屋〟で人材をスカウト

屋外での仕事が中心だった頃から、仕事の中身は溶接から他の仕事へと徐々に広がっていきました。

例えば、古巣の日本鋼管の子会社に日本鋼管工事（現・ＪＦＥエンジニアリング）という会社がありまして、そこから極太の下水管「大径鋼管」を地下に埋める際に必要となる溶接の仕事を請けていたのですが、そのうちに溶接だけでなく配管もやってくれということで、両方セットで請け負うようになりました。

昭和石油（現・昭和シェル石油）の新潟製油所でも、パイプライン敷設の作業で、配管・溶接の両方を請け負いました。パイプを担いで運ばなければならないため、溶接工だけでなくとび職も大勢雇っての一大プロジェクトとなりました。

そして、屋外から工場へとシフトしていく中で、さらに多種多様な仕事が舞い込むようになっていきました。ただ、必要とされたのは、溶接工のような熟練した職人ではなく〝一般工〟となり、従来よりも大人数を配置するケースが多くなったのです。

小松製作所で依頼されたのは、鋳物の製造工程で砂型からはみ出した付与部分（バリ）を削る「はつり」という作業です。これを専門にやるチームを編成してほしいということでした。

そのため、溶接工を集めていたときのように人づてや紹介などではとても追いつかず、かといって当時は求人専門誌などもありませんでしたから、依頼を受けて早々に行き詰まってしまいました。そこで、一計を案じることにしました。

それは、飲み屋に通うことでした。

鶴見や川崎など地元の酒場、それも地方から働きに出てくる出稼ぎ労働者がやってきそうな飲み屋に一人で出かけて、それらしい集団を物色するのです。警戒されないよう、酒がある程度回って座が和んできたところで声を掛けます。

「やあ、盛り上がってますね。皆さんは地方から働きに来ているの？」

「岩手からね。この時期は農閑期だから、毎年みんなで来てるんだ」

「建築関係？」

「そう。今は、この近くのビルを建ててる現場ね」

「皆さんガタイがいいから、相当稼いでいるんだろうね」

といった具合に、どこから来たのか、今どんな現場で働いているのか、収入はどれくらいか、今の現場に不満はないか等々、根掘り葉掘り聞き出していきます。

そして、これはいけるなと判断したら、「もっといい働き口があるよ」と勧誘するのです。

「工場の仕事は雨風関係なくていいよ。工賃は建築関係に比べれば少し安いけど、仕事は安定しているし、残業代も付くし」

「へぇ、そりゃあよさそうだね。ただ、今いるところは急には辞められないからなぁ……」

今働き口がある人たちを引き抜くわけですから、なかなか簡単にはいきません。しかし一人でも勧誘できると、その人が属しているグループのメンバーを次々と芋づる式に引き抜けることもあります。また、同じ現場で働いている別のグループ——他県から集団で来ている人たちを紹介してくれることもありました。

最初に勧誘に成功したのは、秋田県男鹿市から来ているグループでした。男鹿といえば「なまはげ」で有名ですが、ハタハタ漁も盛んなところです。酒場で知り合ったのはハタハタ漁に携わっている漁師さんたちで、漁ができないオフシーズンに出稼ぎに来ているということでした。

では、漁ができないのは1年のうちどのくらいの期間か聞いてみたところ、何と12月、1月を除く10カ月間は出稼ぎに来られるというのです。

1年の大半を出稼ぎで過ごすという人たちですから、こちらにしてみれば長く働いてもらえる大変な〝戦力〟になるということです。何としてもこの人たちをスカウトしたいと思いました。

話を聞いていくと、地元にリーダー格の親方がいて、出稼ぎに行きたいという人たちを差配していることがわかりましたので、善は急げでその晩夜行列車に飛び乗り、男鹿に向かいました。

出稼ぎ労働者を求め、一升瓶片手に地方を渡り歩く

まだ寒い時期だったので、2月頃だったでしょうか。駅に着くと一面雪景色で「これでは農作業なども無理だな。外に働きに出るしかないだろう」と思いました。一升瓶の酒と肴を手に、教えられた親方の家を訪ねました。

突然の訪問に最初は戸惑っていた相手も、漁師たちのいい働き口がほしいと常々思っていたようで、訪問の主旨がわかると「そんなら話を聞こうか」と乗り気になってくれました。そこで、持参した酒と肴を取り出し、

「出稼ぎに行きたい漁師さんたちを集めてくれないかな。一杯やりながら話をしようや」

と水を向けたところ、地元に残っている人たちを方々から呼んでくれたのです。そ

して、酒を酌み交わしながら話をつけ、その場で多くの働き手を確保することができました。

素性のわからない男が突然やってきて、「いい働き口があるよ」なんて話をするわけですから、本来ならもっと警戒されてしかるべきですが、腹を割って嘘偽りのないところを話しているということが伝わるのか、不思議と相手から信用されることが多かったです。

これは明言できるのですが、嘘をついたり、相手を騙したりといったことは、自分の80数年の人生の中で一度もありません。もちろん会社を切り盛りしていく中で苦しい時期も多くあり、「嘘も方便」と割り切ってうまく立ち回った方がいい場面もあったのですが、逆にそれができなかったのです。

愚直に、真摯に、隠し立てなく思ったことを伝え、約束したことはどんな無理をしてでも守る。そんな姿勢でやってきたことが、何物にも代えがたい〝信用〟へとつながり、苦しいときでも道を切り拓いてくれたのだと思っています。

男鹿で話がまとまると、次は少し南に下って大曲市（現・大仙市）や本荘市（現・

由利本荘市）へ、さらには福島にも足を向けました。わざわざ出向いての人探しですから、わずかな人数では埒が明かず、まとまった数を調達できるところを探し求めて歩き回ったのです。

そして、ついには北海道まで足を延ばしました。昆布漁が盛んな茅部《かやべ》郡です。一時期足繁く通って、その一帯で漁に携わっている人たちを丸ごとスカウトすることに成功しました。実に1000人にも及ぶ規模でした。

この地域の人たちとはすっかり打ち解けて、

「この町の町会議員選挙に立候補しない？　社長なら当選間違いなしだよ」

などと言われたこともありました。こちらは毎年7月から9月までが書き入れ時なので、その時期を除いてフルに働いてもらうことができました。

北海道では、さらにエリアを函館市の木直、湯の川温泉のあたりへと渡島《おしま》半島一帯に広げていきました。家族を引き連れてくる人も含め、こちらは総勢200人ほど確保することができました。

ハタハタ漁にしても、昆布漁にしても、漁の時期に不在だと漁業権を失うことになるので、何を置いても帰らなければなりません。そのため、あるグループが地元に戻る時期が来るまでに、その穴埋めをしてくれる人たちをあらかじめ調達しておく必要がありました。

そこで、その時期に出稼ぎが可能な人たち——漁業関係者だけでなく、例えば青森県などに出向いてりんご農家の人たちに声を掛けるなどして、入れ替わりで必要な人数の補填に努めました。漁師と農家を組み合わせることで、うまくローテーションを組めることが多かったです。

工場内請負で成長への足掛かりをつかむ

こうして日本各地から集めた人たちは、一般工として工場の中でよく働いてくれました。例えば秋田の漁師さんたちには小松製作所の鋳物工場のラインで「はつり」の作業などをしてもらいましたが、仕事ぶりがすばらしいと小松製作所の担当の方から高く評価していただくことができました。

「俺たちゃいつも生きている魚を追いかけているんだ。漁で鍛えられてるんだよ。工場の仕事なんか朝飯前さ」

と彼らは自分たちの生業《なりわい》に強い誇りを持っていて、この誇りが工場の仕事でも精いっぱい頑張ろうというモチベーションにつながっているようでした。

出稼ぎの面々が頑張ってくれたおかげで、私自身の信用度も大きくアップすることになりました。小松製作所からは、安心して任せられると思ってくれたのか、さらなる増員の依頼があり、しまいには鋳物工場の工程を一手に引き受けるくらいまで工員の

清水工作所時代の慰安旅行（著者は○印）

数も増えていきました。

私も小松製作所の本社を訪れると貴賓室に通され、丁重に応対してもらえるようになりました。また、工場の裏に125人収容できる5階建ての寮があったのですが、これを丸ごと、しかも無料で貸してくれました。

こうした工場構内の請負は、まだあまり一般的ではありませんでした。今まで述べてきたように、造船や鉄鋼などの分野では協力会社の存在は欠かせないものでしたが、製造業で工場内の作業を請け負うケースは少なかったのです。いわば私が〝はしり〟であると言っていいかもしれません。

戦前まではこのようなニーズに、企業が直接雇用する非正規労働者である「臨時工」や、外部の労務請負業者に雇われる「組夫」と呼ばれる労働者が対応してきました。

臨時工は身分が不安定な上、低賃金で酷使される傾向が強く、また、組夫についても不当な賃金の中間搾取が横行し、強制的に過重な労働が科せられる例が多くありました。

戦後、連合国軍の占領下では、ＧＨＱがこうした封建的な日本の雇用慣習を問題視し、改善するよう指示を出しました。これに基づいて、１９４７（昭和22）年に職業安定法が制定されます。これにより労働者供給事業は労働組合が行う場合を除き、全面的に禁止されることになりました。

その結果、企業では基本的に常用または臨時の直用労働者か、労働者供給ではなく適正と見なされる請負による社外労働者で企業内のすべての業務に対応せざるを得なかったのです。

しかし、高度成長期を迎え、多様化し規模も拡大する工場内の業務に正規社員のみで対応するのは次第に難しくなってきます。外部の労働力が不可欠になってくるのです。

その結果、造船や鉄鋼以外の製造業でも、構内請負へのニーズが高まっていきました。まだ競合他社が少なかった時代に、この流れにうまく乗れたことが、日総工産のその後の成長への足掛かりとなりました。

製造請負はその後、自動車、電気、精密機器、半導体……と、さまざまな分野に広がっていくことになります。

さらなる成長を期して日総工営を設立

1971（昭和46）年2月、私は個人事業として営んでいた「清水工作所」を法人化し、日総工営株式会社を設立しました。

本社を東京都港区の虎ノ門駅の近くに置きました。その頃のメインクライアントだった小松製作所の本社ビルが赤坂二丁目にあり、その近場で事務所を構えたかったからです。設立当時の社員数は320人でした。

法人化を決断した直接の理由は、小松製作所をはじめ一般製造業の顧客が増えて、きちんとした形で業務を受注する必要性が生じた

日総工営創業時の表札

からでした。それまでは、現場の担当者とのやり取りが中心で、半ば口約束で仕事を受注できましたが、請け負う業務の規模が大きくなり、先方もこちらを一人前の会社として扱ってくれるようになったため、きちんとした会社組織にしなければ立ち行かなくなったのです。

また、人を募集するにも、かつてのように飲み屋で出稼ぎ労働者を探し出し、さらにその伝手《つて》を頼って……という手法では通用しなくなりつつありました。もっとコンスタントに多くの人材を採用しなければならなくなったため、採用方法を見直す必要に迫られていました。

そこで、徐々に利用するようになったのが求人広告です。新聞の求人欄のほか、当時出はじめていた求人情報誌などに広告の掲載を始めましたが、採用する側の顔が見えないところで人を募集するわけですから、信頼性が担保できるかどうかがポイントとなります。この点でも法人化は不可欠でした。

ただ、法人化に踏み切ったのには、こうした直接的な理由ばかりでなく、事業としての先行きが見通せるようになったということが何より大きかったと思います。

工場内に事業の軸足を移したことで、屋外で作業をしていたときのような天候や想定外のアクシデントなどに左右されることなく、今後は事業を安定的に成長させることができるだろうという確信が持てるようになったのです。

その読みどおり、設立後しばらくは、日総工営は順調に業績を伸ばしつづけることとなります。その背景にあって成長を後押ししてくれたのが、日本中を熱狂させた〝列島改造ブーム〟です。

法人化の翌年、1972（昭和47）年6月に、自由民主党総裁選への出馬を決めた田中角栄通商産業大臣が1冊の書籍を上梓しました。『日本列島改造論』（日刊工業新聞社刊）と題されたこの本は、日本列島を高速道路や新幹線などの交通インフラで結び、地方の工業化を図ることにより、国内の過疎・過密を解消し、国土全体を発展させることができると唱えたものでした。

創業の頃、社内で（36歳）

田中はこの本の中で、「工業再配置と交通・情報通信の全国的ネットワークの形成をテコにして、人とカネとものの流れを巨大都市から地方に逆流させる『地方分散』を推進」できるとし、結果として地方の経済・産業も底上げされ、豊かな国づくりが実現できると主張しました。

田中が総裁選に勝利し総理大臣に就任したことで、『日本列島改造論』は俄然注目を浴び、1年間で91万部を売り上げるベストセラーとなりました。そして、田中は自身の内閣でこれを政策として推進していきました。

新幹線は、田中の総理大臣就任当時は東京―岡山間のみでしたが、これを北海道の稚内から九州・鹿児島へと拡張、さらに全国1万キロに及ぶ幹線道路の整備を目指し、四国へのアクセスには本州四国連絡橋をつくるという壮大なプランを構想し、実行に移していきました。

「列島改造」はブームとなって、日本全国を席巻します。公共工事が大規模に推進されて建設業界が潤い、それに伴って産業界全体が活況を呈するようになりました。日総工営もこの流れに乗ることができて、建設機械、産業機械分野の大幅な需要拡大を受けて、小松製作所、荏原製作所、新潟鐵工所といった大手メーカーからの仕事がさらに増えていきます。

目の回るような多忙な毎日が続き、受注した業務に対応できる人材をいかに確保するか、頭を悩ませながら奔走しました。ぎりぎりまで必要な人員の調達がままならないことも多く、綱渡りのような日々を送っていました。

今思い返せばそれもうれしい悲鳴で、会社の業績は右肩上がりで拡大を続け、当初の目論見どおり上昇気流に乗ることができたのです。

しかし、残念ながらこの好況は長くは続きませんでした。

日総工営の設立からわずか2年後の1973（昭和48）年10月、第1次オイルショックが世界を、そして日本を襲ったのです。

［第3章］

製造請負に
新たな活路を見出す

オイルショックで次々と得意先を失う

1973（昭和48）年10月6日、エジプト、シリアの両軍が領土の奪還を目指してイスラエルに侵攻し、第4次中東戦争が始まりました。

これを受けて、まず石油輸出国機構（ＯＰＥＣ）に加盟しているペルシャ湾岸の6カ国が原油公示価格を1バレル（約159リットル）3ドルから5ドル強へと7割引き上げる決定をしました。次いで、イスラエルが占領地から撤退するまでの経済制裁として、アメリカなど親イスラエルの西側諸国への石油禁輸を通告したのです。

そして、翌年1月1日から原油公示価格は、11ドル65セントへとさらに引き上げられました。わずかな期間に原油価格は約4倍にも引き上げられたことになり、中東の安価な石油に依存してきた西側諸国に大打撃を与えることとなりました。これが、世界経済を大混乱に陥れた第1次オイルショックです。

アメリカの同盟国である日本も〝親イスラエル国〟と見なされていたため、当初は禁輸対象国のリストに加えられていましたが、必死の外交努力が功を奏して、何とか禁輸の対象国からは外されました。

それでも原油の高騰は、すでに数年前から「ドル・ショック」による円高不況に直面していた日本経済をさらに弱体化させました。直後に発生したトイレットペーパーの買い占め騒動に始まり、〝狂乱物価〟と呼ばれた異常なインフレで国民生活を混乱に陥れる一方、国内のさまざまな産業に直接・間接に大きなダメージを与え、多くの企業が深刻な経営危機に直面することになったのです。

荏原製作所の作業所の責任者から呼び出しを受けたのは、年が明け、次の年度がスタートして間もなくのことでした。

「清水さん、……誠に申し上げにくいんだけど、いったん請負契約を白紙に戻して、引き揚げてもらえますか」

覚悟はしていましたが、「ついに来たか」と絶望的な気持ちになりました。

「仕事はまったくなくなるのですか？　少しでも注文をいただくわけにはいかないでしょうか。ラインを縮小するにしても、当社が全部引き揚げたら御社もお困りになるのでは？」

「昨日も労働組合の代表と協議したんだけど、組合員の解雇はまかりならぬということで押し切られてしまって……。下請けの清水さんの会社に引き揚げていただくしかないんですよ。

いつも無理を聞いてもらっていたのに、本当に申し訳ない」

何かあれば真っ先に切られるのが、われわれ下請けなんだな——。不甲斐ない思いでいっぱいになりましたが、どうすることもできませんでした。

こうして、工場での構内請負の仕事は次々と契約解消を通告され、言われるがままに作業所の人間を引き揚げていきました。

メインクライアントだった小松製作所からも同様の申し出がありましたが、

「清水さんには、すっかりお世話になったから」

と、構内請負の代わりに、本社にある郵便室での事務作業の仕事を回してくださいました。総勢5～6人程度の部隊で、もちろん今まで請け負っていた仕事の穴埋めになる規模ではありませんでしたが、仕事が減る一方で意気消沈していた時期でしたから大変ありがたく、担当の方のお心遣いが身に沁みました。

それと同時に、この新しい仕事が構内請負一辺倒から、将来手掛けるようになる労働者派遣という新しい人材ビジネスにも目を向けさせるきっかけともなりました。

再起を目指して試行錯誤の日々

1975（昭和50）年の初めには、請け負っていたすべての仕事が契約解除となりました。

引き上げざるを得なくなった膨大な数の働き手たちをどうするか――。

それまでは、発注先の都合でこうした事態が起こると、次の請負先が見つかるまでの待機費用を借金をしてでも彼らに支払い、生活を何とか維持してもらうよう努めたものでしたが、今回は状況が違いました。ほぼすべての契約が打ち切られてしまったのです。再契約の見通しなどまったく立ちませんでした。

結果、採るべき選択肢は一つしかありませんでした。全員の解雇です。

心ならずも辞めていただくということで、身を切る思いではありましたが、当時は現場の労働者の大半が出稼ぎ労働者たちだったため、いずれにしろ時期が来れば故郷に戻らなければならなかったので、幸いなことに解雇に伴うトラブルなどは起こりませんでした。

最終的に本社で事務を執る社員が8人ほど残る形となりましたが、彼らも「仕事がないのに給料をもらい続けるわけにはいかない」と次々と辞めていきました。

余裕のあるときに購入した鶴見区馬場町のアパートなど、資産もそれなりにあったのですが、それらはすべて処分せざるを得ませんでした。虎ノ門の事務所も引き揚げ、川崎にいた知り合いの会社に間借りする形で仮事務所を置きました。

このままでは終われない。何とか会社を再興させたい――。

そんな思いで、その後数年は試行錯誤を繰り返すことになりました。

まず飛びついたのが、ガス圧接工事会社の運営でした。ガス圧接とは鉄筋の接合法の一つで、ガスの炎で金属を熱し接合部分に圧力をかけてつなげるという方法です。

これを主業務とする会社が渋谷にあり、ある人を通じてこの会社を引き継がないかという話があったのです。

この分野は門外漢だったので様子がわからず、まずは自分で体験してみようと自ら現場の作業に携わってみました。重い鉄骨を担いで動き回らなければならないなど、想像していた以上の重労働で、75キロあった体重が60キロ近くまで減ってしまいましたが、作業の概要はつかむことができました。

ガス圧接はどの建設現場でも行われている工法なので、コンスタントに仕事が回ってくるだろうと踏んで、この会社を買い取ることにしました。

ところがいざ買収してみると、予想したような収益が上がらない。需要がないということではなく、もともと労使関係に問題がある会社で、職人たちの士気が低く、仕事を取ってきてもちっとも働かなかったのです。

なるほど売りに出されていたわけです。売上が上がらない状況はさらに続き、だんだんと焦る気持ちが募っていきました。

そして、いよいよ回転資金が底を突いて、ガス圧接に必要なガスの仕入れにも事欠くようになり、このままでは経営が立ちいかなくなる事態となりました。しかし、すべてを失った私には追加資金を調達する手立てが残っておりません。すると、そんな私の窮状を見かねた知人の一人が、資金を用意すると申し出てくれました。

その方は仕事を通じて知り合った社会保険労務士で、ご自身が資金を持っているというわけではなかったのですが、私のためにある方からお金を工面してくれたのです。しかし、お金を貸してくださった方とは私は一面識もなかったので、二つ返事で用立ててくれたわけではありません。何と社労士の知人は田園調布の自宅を抵当に入れて（当初、奥さんには内緒にしていたそうです）その方を説得し、ついに私は２０００万円もの資金を借り受けることができました。

彼の心遣いに深く感謝するとともに、何としても再建を果たさなければと決意を新たにしました。再起できなければ、身を削るようにして彼が工面してくれたお金を返済することもままならなくなります。

ところが、資金を再投入したにもかかわらず、ガス圧接会社の業績は一向に回復する兆しがありません。営業活動にも力を入れ、日本鋼管扇島の製鉄所の仕事なども請けることができたのですが、赤字は膨らむ一方でした。

このままではせっかく借りた資金もムダになってしまう――。悩んだ末に、私は思い切ってこの会社を手放すことにしました。

未経験で不案内な分野に安易に手を出すからだ、と大いに反省しました。やはり今まで実績を積み重ねてきた工場の仕事で再起を図ろう――そう心に誓いました。

そして始めたのが、夜間の工業団地巡りです。

高度成長期、首都圏では工業団地の造成・誘致が盛んに行われていました。千葉県でも、松戸市では自治体が主導する形で北松戸・稔台・松飛台の3つの工業団地が造成され、浦安でも都内から鉄鋼関連の企業が移転する形で工業団地ができつつありました。

そこで、この2つのエリアの工業団地から仕事を受注しようと、夜9時過ぎに自分で車を運転して訪れるようになったのです。

昼間ではなくなぜ夜間かというと、夜遅くに仕事をしているということは、つまり残業しているということですから、相当に忙しいだろうと踏んだわけです。こうした

工場なら、

「忙しい業務を外注することで、従業員には別の新しい仕事をさせることができますよ」

と営業をかければ仕事がもらえるのではないかと思ったのです。

夜間の工業団地巡りで顧客開拓

工業団地の近辺に到着したら、ゆっくりと走行し、明かりがついている工場を探します。見つけたら少し手前に車を止め、懐中電灯を片手に建物の入り口まで歩いていき、中で作業をしているかどうか確認します。そして、それが確認できたら、入り口の表札を懐中電灯で照らして社名を見てメモするのです。

翌日、図書館に行き、『会社録』でその会社について調べます。まず、業種は何か——装置産業なのか、それとも一般の製造業なのかを見ます。もし、溶鉱炉などを持っている鉄鋼関連の企業なら、炉を止めずに作業を続ける必要がありますから、夜間に作業をするのは特別なことではありません。

一方、一般の製造業で夜遅く仕事をしているということは、定時までに作業が終わらずやむなく残業をしているということです。つまりは、人手が足りないということなので、正社員を増やさず業務を外注するという選択肢もあるのではないかと考えられます。

これでアプローチ先が選別できますから、早速目星をつけた会社を訪問して、業務請負のセールスをするというわけです。

この作戦は、目論見どおりうまくいきました。狙いをつけた会社は急激な増産に対応できずに悩んでいる場合が多く、たいていは門前払いせずにこちらの話を聞いてくれました。

「本当にそんな金額で請け負ってくれるの？　人を集められるの？」

「大丈夫です。お任せください！」

首尾よく交渉が進んで、その日のうちに大まかな受注計画や仮の積算単価を詰め、すぐに体制づくりに動くといったこともありました。

業種で多かったのは、当時増えつつあったプラスチック関連の工場でした。多くは浦安方面にありましたが、洗面器など家庭用のプラスチック製品をつくっている工場や、食器や小物などをプレスして製造する際の材料になるシートを専門につくる工場などさまざまでした。

こうして成長分野だったプラスチック関連のメーカーを中心に、次第に仕事を多く受注できるようになってきました。しかし、かつてのように多くの職人たちを抱えていたわけではなかったので、仕事が決まるごとに人集めに奔走しなければなりませんでした。

おまけに社員は一人もおりませんでしたから、募集から面接までの採用業務だけでなく、入社の際の手続き、現場への配置など、すべて一人でこなさなければならず、目の回るような忙しさでした。休み返上で動かざるを得ず、1年のうち休めたのは2~3日程度でした。

もう一つ、ゼロからの再出発だったことで大変だったのは、手持ち資金がなかったことです。次々と仕事の依頼が舞い込むのはありがたかったのですが、先方からの支払いを待たずに従業員たちに賃金を払わなければならないことも多く、日々、金策に奔走していました。

そんな状況でしたから、再出発をして1年半ほどは、経営者としての給料を受け取ることもままならず、無給で働かざるを得ませんでした。

当時、家には食べ盛りの子どもが3人いたにもかかわらず、1年半もの間、生活費を家に1円も入れられない状況が続いたわけですが、妻が内職に精を出し、苦しい時代をしのいでくれたのです。

とはいっても、子どもがいましたから、高収入が見込めるような本格的な仕事はできず、スーパーなどで売る野菜を袋に詰めるといった簡単な内職だけでした。生活は苦しかったと思いますが、妻は文句一つ言いませんでした。苦労をかけたと今も感謝の思いで一杯です。

資金ショートの危機を奥の手で回避

努力の甲斐あって、徐々に仕事が回るようになってきました。業種もプラスチック関連だけではなく、本田技研工業の下請け企業など自動車関連へと広がりを見せるようになっていました。

ただ、資金繰りには相変わらず悩まされ、取引先に無理をお願いしてしのぐことも多かったです。

ホンダ系のある自動車部品メーカーの仕事を請け、30人程度採用したときのことです。当然ながら採用した全員に仕事がスタートした当月から給料を払わなければならないのですが、通常の支払いサイトでは、20日締め翌月末払いと40日後となってしまい、給料日の毎月5日に間に合いません。

当時はつなぎの資金も乏しく、借り先も底をつきつつありました。どうやってしのいだらいいのか――。そこで、意を決して担当者に直談判することにしました。

「厚かましいお願いですみませんが、工賃を当月払いにしていただけないでしょうか」

「20日で締めて、10日後には支払えってこと？　そりゃあいくら何でも無茶だよ。そんな条件で取引している下請けなんてないよ」

「この人手不足でしょう。働き手をつなぎ止めておくのは大変なんですよ。給料の支払いが遅れるなら、みんな辞めると言ってまして……」

「この時期にまとめて引き揚げられちゃかなわないな。うーん、困った。……ちょっと上と相談してみるよ」

決死のお願いが功を奏し、何とかこの条件で支払ってもらうことができました。相談した窓口も通常の下請け業者（サプライヤー）とは異なる「構内外注」の特殊性を理解してくれ、特別の対応を取ってくださったようでした。

しかしながら今考えれば、3カ月以上の手形取引も当たり前だった時代に、下請けの立場で請求月に支払えとはよく言ったものだと思います。それだけ当時は必死だったのでしょう。

これに味を占め、続けてもう1社――こちらもホンダ系の大手部品メーターでしたが、初取引の際に当月支払いの約束を取り付けました。こうして請求月に即支払ってもらうスタイルが他の取引先にも広がっていきました。

当時取引の始まった自動車部品メーカーは、下請け企業ではありましたが企業規模はいずれも大きく、上場している会社も多かったので、そうした大手企業から次々とキャッシュが口座に振り込まれていくことで、銀行も当社に関心を示すようになってきました。

その頃の会社の規模はまだまだ小さく、吹けば飛ぶような零細企業でしたから、銀行の担当者は「どうしてこの会社に大手企業から次々と振り込みがあるのだろう」と疑問に思ったようです。訪問を受けることが多くなり、徐々に銀行からの信用度がアップしていきました。その結果、銀行から融資を受けることができるようになったのです。

こうして資金ショートの危機を回避しながら受注を増やしていき、オイルショックから3年ほど経過した頃には、「これで会社を再建できる」という確信を得られるようになっていました。

仕事が忙しくなりお金の出し入れも増えてきたので、妻の智恵子に「お金の方をやってもらえないかな」と話し、銀行との折衝なども含め、会社の経理を担当してもらうことにしました。智恵子は結婚前に建設会社で経理業務に携わっていたことがあり、ちょうど子育ても一段落した時期でもあったので、すぐに仕事に慣れていきました。

その後も社業に熱心に取り組んでくれ、１９８４（昭和59）年に日総第1ビルができた頃には副社長に就任して、公私ともに私を支える存在となってくれました。

新時代の人材ビジネスを担う新会社「日総工産」を設立

ところでオイルショックといえば、世界中の産業に大打撃を与え多くの企業を倒産へと追い込んだ、経済史に残る〝事件〟です。大半の企業が事業の立て直しに苦しむ中、工場構内の業務請負を生業とする会社が、なぜわずか3年ほどで再建に漕ぎつけることができたのか――。

もちろん直接的には、今まで述べてきたように、私自身が死に物狂いで受注に奔走したことが大きかったと思いますが、その努力が実を結んだ背景には、日本の製造業がオイルショックを機に経営方針を大きく転換したという事情があったのです。

当時、企業が打ち出した新たな経営方針――それが「減量経営」でした。

オイルショックで事業の縮小を余儀なくされた企業は、あるリスクの存在に気づかされることになりました。「正社員を大量に抱える」というリスクです。

右肩上がりの高度成長期では、労働力を増やすことは〝善〟であり、それがそのまま競争力の強化につながりました。ところが、オイルショックのような出来事で急激な需要の後退が生じると、競争力の源だった労働力が一転、会社の経営を圧迫するリスクに変化します。

第2次大戦後は労働者を守る法律が整備され、労働運動の高まりとともに労働組合の力も増してきたことで、戦前のように従業員を簡単に解雇することができなくなりました。そうなると、企業としては景気後退に備えて正規の従業員は最小限にとどめておく、という選択肢を取ることになります。これが、オイルショック後に企業が選択することになった「減量経営」です。

しかし、好況に転じ業績を拡大できるチャンスが到来したら、機を逃さずに生産能力を高めたい。つまり、企業にとっては、景況に応じて生産計画を自由に調整できることが望ましいのです。では、リスクを負わずにこの問題を解決するにはどうしたらいいか——。

そこで各企業が選択することになった手法が、外部への業務委託だったのです。外部への委託——私たちにとってみれば工場内の業務請負は、こうして一気に増えていくことになります。これを牽引したのが自動車産業で、1978(昭和53)年頃から急速に需要が拡大していきました。

かつての自動車業界は〝自前主義〟で、造船やプラントなどと同様、溶接などの職人を外部から招くことはあっても、一般の製造ラインに外部の業者を入れることはありませんでした。期間工(期間従業員)を直接雇用していましたが、業務請負という形はとっていなかったのです。

しかし、オイルショック後に組織のスリム化を図ることになった結果、その後数年して再び生産拡大の機運が高まってくると、期間工だけでは生産計画の維持が難しくなり、請負業者を利用せざるを得なくなったということです。

自動車産業は巨大産業ですから、部品メーカーをはじめ下請け企業の層も厚く、自動車メーカー各社の業績が回復しはじめると、系列の部品メーカーなどからの引き合いも増え、業務請負の市場は一気に拡大することとなりました。

オイルショックが引き金となって、むしろビジネスチャンスは以前よりも広がったのです。それと同時に、取引先や請け負う業務の内容も大きく変化していました。日総工営としてはすでに再建を果たし、さらに成長を続けていましたが、あえてここで一区切りつけ、組織を新しくして、真の意味での〝再出発〟を図るという考え方もあるのではないか――。

そんな思いから、これからの時代の人材ビジネスを担う新しい法人を立ち上げることを決意し、オイルショックから7年が経過した1980（昭和55）年8月21日、日総工産株式会社を設立しました（日総工営はその後、同社に合併されました）。

設立日の8月21日は、実は私の誕生日です。そして「日総工産」の社名には、「日本の総ての工場の生産業務を請け負う」という当時抱いていた思いを込めました。まさに満を持してのリスタートでした。

雨後のタケノコのように「製造請負」が急増

日総工産を設立した1980（昭和55）年は、日本の自動車産業にとって記念すべき年として記憶されています。この年、国内の自動車生産台数が1100万台を突破し、800万台のアメリカを抜いて世界一になったのです。

その前年には第2次オイルショックが起こりましたが、自動車メーカーをはじめとする日本企業は、第1次の反省を踏まえて進めてきた合理化策が功を奏して、前回ほど大きな影響を受けず、政府や日銀も金融引き締めなどの対策をいち早く打ち出したことで、日本経済は危機的な状況を回避し成長軌道を保つことができました。

設立早々の日総工産もこの流れに乗り、製造業の〝合理化〟で生じた新しいニーズを受け止める形で業容を拡大していくことになります。

前段でも述べたように、最初は主にトヨタ、日産、ホンダといった大手自動車メーカーの下請け部品メーカーから構内請負の仕事を受注していきました。その後、次第にその部品の発注元である自動車メーカー本体からも請負のお話をいただくようになりました。

オイルショックを境に、当初は主に自動車メーカーを中心に推進された減量経営＝合理化が、日本の人材ビジネス市場に「製造請負」という新しいジャンルをつくり出したといえるでしょう。この急速に拡大したニーズに対応する形で、当社以外にも請負業を営む会社が雨後のタケノコのように、いわば〝自然発生〟的に全国に急増していきました。

私の推測ですが、リーマンショックの直前には「製造請負」の事業者数は数千社に、労働者数は100万人を超える規模に達していたのではないでしょうか（2004年の厚生労働省「派遣労働者実態調査報告」によると、製造業の請負事業の労働者数は

86・6万人となっています）。

その結果、取引先や現場従業員との間でさまざまな問題を引き起こす企業も現れるようになりました。そのため法を遵守して真っ当に事業を行っている請負企業も含めて、監督官庁である労働省（現・厚生労働省）から指導を受けることも多くなったのです。

請負業界そのものが市民権を得ておらず、企業として信頼されるに至っていないのだと思い知らされることが多く、業界の健全化に向けた取り組みが何より急務であると実感することになるのですが、これについては次章で詳しく触れます。

さて、メーカー側としては、自前で雇用している従業員は最小限にとどめているため、その時々の需要に応じて生産調整を行うためには、私たち請負会社に対して必要な期間に必要な受託組織、操業体制をいち早く組むことを求めてきます。

このため、人員が不足しないよう、コンスタントに採用を行う必要が生じます。

そこで考えたのが、国内の主要な地域に事業拠点として分社化した法人を置く、ということでした。

日総工産を設立した時点で、すでに営業拠点を大阪、名古屋、浜松などに設けていましたが、これらを「営業所」から独立した会社へと格上げしたのです。その理由は、一営業所、一支店として人集めをするよりも、独立した会社にした方が各拠点での採用がうまく進むのではないかと考えたからです。

その頃には、従来から請け負ってきた建設機械・製造機械、そして自動車業界に加え、新たに電気・電子分野の企業からの受注も増えつつあり、さまざまな地域で働き手の確保が急務になっていたという事情もあります。

電気・電子関連で初めてまとまった規模の人員を投入したのは、セイコーエプソンの請負作業所でした。１９８０年代前半、同社は最先端の技術を駆使して開発したクオーツ時計や電子プリンターで躍進を続けており、業績の伸長に合わせて人員の補強も急ピッチで進める必要があったのです。

何とかご要望にお応えしようと、長野県岡谷市に事務所を置き、ピーク時には数百人規模の組織体制で操業しました。新卒の社員を配置するようになったのも、当時メインだった自動車関連の会社ではなく、セイコーエプソンが初めてでした。

その後、この分野では日本電気（NEC）、ソニーなどさまざまな企業へと広がりを見せるようになりました。

ある大手の電子関連メーカーから高い技術を要する製造工程を請け負った際に、長期にわたる契約を結んだのですが、事前のコスト計算が甘かったのか、年間1億円以上の赤字を数年にわたって計上することとなりました。

その頃には経営も安定基調に乗ってきていたとはいえ、会社にとっては相当なダメージとなりました。事前に契約内容を精査し、緻密にコスト計算を行う必要があることを痛感した次第です。今から振り返れば、いい勉強をさせていただいたということになりますが。

全国200カ所に事務所を置き、営業・求人に注力

全国拠点での法人設立の話に戻しますと、こうした各地域のニーズに対応する形で

営業拠点ができていったわけですが、一方で従業員の増員に向けた採用活動への注力も必要になってきます。

募集方法は、先述したように人海戦術から広告等による募集へと変化していましたから、広告媒体の発行元との折衝や面接選考の際にも、現地での法人化が有利ではないかと判断したのです。

各法人の社長はすべて私自身が兼ね、現地の責任者には、主に地元で採用した事業所長を充てました。立場的には雇われ社長といった位置づけで、将来的にはそれぞれ正式に社長になってもらい、今でいうホールディングスのような組織にしようと思っていました。

しかし、いきなり立ち上げた法人も多かったことから、中には適任とは言えない者もおりました。

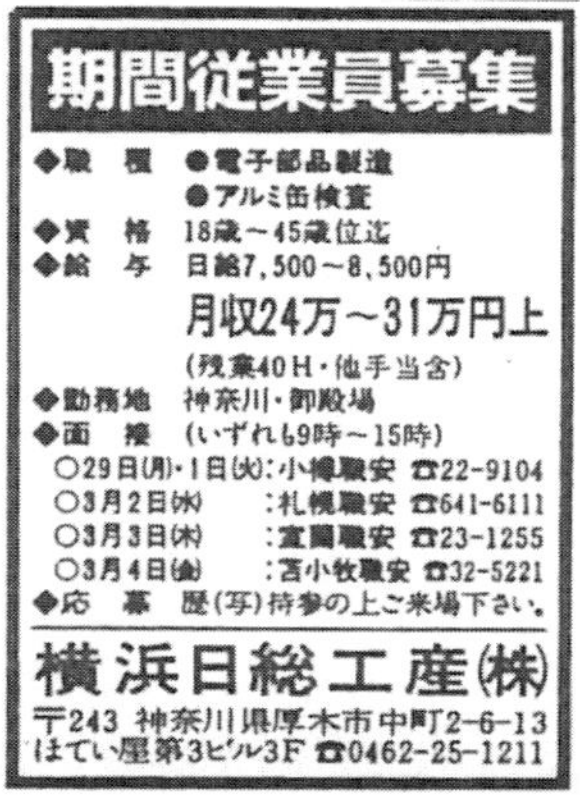

法人別に展開していた当時の求人広告

ある事業所の女子事務員から、

「うちの所長は出勤しても、お茶を飲んで新聞を読むだけでちっとも働きません。所長としている意味がないんじゃないですか」

といった〝直言〟が寄せられたこともありました。そこで、地域に勤務する従業員たちにヒアリングを行い、問題が見つかれば速やかに改善するよう努めました。

しかし、そうした個別の問題よりも、採用を目的とした分社化自体、実はあまり意味をなさないということが、次第に明らかになってきました。営業活動を行うにしても、採用を進めるにしても、やはり組織は一つにまとめて、スケールメリットを生かして展開する方が断然有利であるということです。

平成の時代を迎える頃には全国6社の体制になっていましたが、1991（平成3）年、各エリアの法人を日総工産本社に統合し、新たに地域事業部制を敷くことになりました。

一方で、採用関連で2～3人規模の小さな駐在員事務所を全国の至るところにつくりました。営業を中心とした事務所あり、求人専門の駐在所ありと、役割や機能はさまざまでしたが、顧客の開拓、人材の発掘を機動力を生かしてゲリラ的に進めていったのです。そのため、各エリアの責任者にはスピード重視で権限を与え、駐在事務所の設立なども地方の判断で進められるようにしていました。

請負業にとっては成長期を迎え、他社との競争も激しくなってきていましたので、この機を逃《のが》さじと積極攻勢に出たのです。

その後も事務所、従業員の数は増えつづけ、リーマンショック直前の2008（平成20）年には事務所の総数は全国200カ所となり、沖縄だけでも3カ所ありました。従業員も間接系職員（含むパート）が3000人を超え、直接系職員は2万5000人に達しました。

広告の活用も進み、雑誌系の求人媒体のほか北海道新聞、東奥日報、山形新聞、岩手日報、沖縄タイムス、琉球新報などの県紙・地方紙や、スポーツ紙などに広告を掲載したり、折込広告を行ったり、エリアによっては自前で求人誌を発行したりもしました。

職業安定所（現・ハローワーク）は当初、請負業の求人に対して慎重に対応するというスタンスをとっており、求人の申し込みをしてもスムーズに進まないこともありました。しかし、時が経つにつれて請負業界への理解も深まっていき、職業安定所が主催する合同説明会などにも参加する機会が増えていきました。

全国規模で採用が続き、多くの労働者を雇い入れられるようになると、彼らの管理の問題、特に住むところをいかに確保するかが喫緊の課題となりました。

工事現場に職人を入れていた頃は、飯場にプレハブの住居を一時的に建てて対応していましたが、構内請負の時代になると、相当数の住居をコンスタントに確保しつづけなければなりません。

そこで、ある程度の規模で回している現場であれば、アパートやマンションを1棟まるごと借り上げ、拠点となる地域では寮を建てて対応していました。寮の建設費には数十億円を投じ、長野県や石川県、鳥取県などあちこちにつくり、トータルで800室を確保しました。

こうして、地域ごとに営業、採用、管理の3本柱がうまく機能するようになり、日総工産は順調に業績を伸ばしていきます。対象の業種も自動車業界を大きな柱としつつ、電気・電子分野の割合が年々拡大し、やがて成長分野となった半導体関連の比率が高くなり、当社の成長を後押ししてくれました。

日総第1ビルを竣工、労働者派遣事業に乗り出す

1984（昭和59）年、実家のあった横浜市鶴見区に日総工産初の自社ビル「日総第1ビル」を竣工しました。4階建てで、1階はショールーム、2階、3階が事務室、4階には会議室を置きました。

おかげさまで製造請負事業は順調に業績を伸ばしていましたが、

日総第1ビル

さらなる飛躍を目指して本社機能を川崎市からこちらに移し、さまざまな新事業を展開したいと考えたのです。

その最初のチャンスが2年後に訪れます。1986（昭和61）年、人材業界にとって転機となる法律「労働者派遣法」が施行されました。今まで禁じられてきた労働者派遣が、専門性の高い特定の職種に限ってですが、初めてビジネスとして認められることとなりました。

これを受けて、新たに労働者派遣業への参入を決意し、同年7月、日総オフィス・エム・ツー（現・日総ブレイン）を設立しました。

社名の「エム・ツー」は、「人と機械の調和」＝「Man（人）＆Machine（機械）」の頭文字から命名しました。当時、オフィス・オートメーションの導入がブームとなっており、事務処理・情報処理の機械化を一気に進めていこうという機運が高まっていました。私はOA機器だけでなく、今後、こうしたニーズに対応する人材――オフィスでの情報処理業務やOA機器のオペレーションに携わる人材も広く求められるようになると確信したのです。

新会社では、神奈川県内で「０００１」、すなわち第1号の一般労働者派遣事業許可番号を取得させてもらうことができました。

日総第1ビルの1階がショールームになっていましたので、大塚商会、日本電気といった企業とタイアップし、こちらに当時普及しはじめていたオフィス用パソコン、ＦＡＸなどを展示しました。「Ｍａｎ ＆ Ｍａｃｈｉｎｅ」の社名のとおり、人とＯＡ機器をセットにして販売しようと目論んだわけです。

ただ、営業をスタートさせてみると、期待したとおりには相乗効果は得られませんでした。それでも、オフィスへの労働者派遣事業は、リーマンショック前までは少しずつ業績を伸ばしつづけることができました。

最愛の妻の死、そして新たな出会い

この頃、プライベートでは大変悲しい出来事がありました。１９８８（昭和63）年

6月、妻の智恵子が49歳の若さで亡くなったのです。交通事故が原因でした。

新横浜駅の近くに貴雲寺というお寺があるのですが、1985（昭和60）年このお寺が運営する霊園に墓をつくりました。まだ弔うべき仏様はありませんでしたが、墓所はいずれ必要になるので早めに用意しておこうと思い立ち、石塔を含めて墓を立てたのです。妻はこの墓が気に入ったようで、日頃からよく掃除に通っていました。

そして、その日は突然来ました。2人で自宅近くの飲食店に立ち寄ったのですが、その帰り際、店を出たところで妻がオートバイにはねられたのです。縁石に頭を打って意識不明となり、すぐに東神奈川の済生会病院には運ばれ、ICU（集中治療室）に入りました。

「瞳孔が開いていて予断を許さない状況です」と医師から説明を受けましたが、人工心肺装置で心臓が動いている状態で、今から思えばすでに脳死状態でした。しかし、当時のことですから医師は回復の見込みがないとははっきりと伝えず、「奇跡が起これば助かる可能性があります」などと言うので、私たち家族は一縷《いちる》の望みにすがる思いで妻の回復を祈りつづけました。

私は朝、会社に顔を出したらすぐに病院に戻るという毎日で、ほぼ妻につきっきりでした。時折、足がピクリと動くことがあり、意識が戻るのではないかと期待もしましたが、事故から26日後、妻は帰らぬ人となりました。

亡くなる直前まで副社長として会社の発展に貢献してくれていた妻の葬儀は、社葬として執り行い、多くの方々にご参列いただきました。遺骨は妻が気に入っていた貴雲寺の霊園に――残念なことに思っていたよりもずっと早く――納められることとなりました。

妻はとても人当たりがよく、社員たちにも人気がありました。部下を連れて居酒屋やカラオケに行くなど付き合いもよかったです。その一方で、仕事に対してはとても真面目に向き合っていて、納得ができないことがあると私に対してもはっきりと意見を述べるという面もありました。

飛躍

副社長、永遠の旅立ちへ

幾千本の白菊と好きだったバラに囲まれてほほえむ副社長

社員に出迎えを受ける遺影と御遺族

妻・智恵子の逝去を伝える社内報「飛躍」

妻が元気でいたら、日総工産という会社は今とは少し違う社風、組織になっていたかもしれません。

妻との死別から1年後の1989（平成元）年、その後30年にわたって私の経営者人生の大きな支えとなる人を会社に迎え入れることとなりました。

大島敦さんという私より2歳年長の方で、入社するまでは当社の古くからの得意先である日本板硝子に勤務していました。初めてお会いしたとき、大島さんは同社の新規事業開発部担当部長を務めていましたが、明るく闊達な性格、抜群の行動力、広範な人脈を駆使して生き生きと仕事に打ち込むその姿に、私はすっかり魅了されてしまいました。

当初から〝運命的な出会い〟と感じていた私は、大島さんがまもなく定年を迎えるという話を聞いて、大手企業のマネジメントを知らない当社の幹部たちをぜひ指導してもらいたいと考え、日総への入社を打診してみました。

すると大島さんも人材ビジネスに関心を持っているとのことで、とんとん拍子に話が進み、彼が55歳のときに当社に入社する運びとなりました。

大島さんが在籍していた日本板硝子は国内のガラス製造業界で1、2を争う企業でしたので、大手自動車会社などに幅広いネットワークを持っており、入社後はそれを足掛かりに精力的に営業活動に取り組んでくれました。客先の工場を毎日のように訪ねて構内を歩き回り、顧客窓口の担当にアプローチを重ねて営業案件を次々と決めていくさまは、幹部や一般社員たちにとって大きな刺激になったと思います。

社内のコミュニケーションにも気を配り、若手社員に会えば、

「おう、元気か！」

と気安く声を掛け、飲み会やカラオケ、休日にはゴルフコンペなどにも積極的に参加してくれました。JR新横浜駅から本社ビルまでの7～8分の道のりを誰よりも早く颯爽と歩いていく姿から私もまた元気をも

創業25周年記念式典にて。左から大島専務取締役、著者、清水竜一取締役（当時）

らい、自分を鼓舞する力に変えることができたのです。

大島さんは営業部長から取締役、常務、専務を経て、最後は副会長として私と息子の竜一を支え、平成時代の社業の発展に尽力してくれました。現在も特別顧問として変わりなく営業の第一線で活躍していただいています。

社会福祉法人の理事長として、個人でも介護事業に取り組む

さて、再び新規事業への取り組みについての話に戻します。労働者派遣以外の新規事業としては、1990（平成2）年に創業した日総不動産（現・日総ニフティ）があります。

不動産会社として立ち上げましたが、狙いは当初から今後の成長が期待される介護分野でした。施設の建設・運営等先行投資が必要になることから、まずは自社の社員寮の運営からスタートし、家賃収入等で事業の基盤を整備してから、介護分野への参

入を図ろうと考えたわけです。

介護事業には以前から関心がありました。総人口に占める65歳人口の割合は、1970（昭和45）年ですでに7％を超え、この先さらに高齢化が進むものとみられていましたので、それに伴って介護の需要も拡大するはずだと考えたのです。

そこで、まずは日総工産の中に介護事業部を設け、第1ビルができた頃から、試験的に入浴サービス事業を始めました。車に浴槽を積み、看護師と介護士を乗せて巡回し、サービスを提供するというものです。

このサービスは思いのほか好評で、しばらく続けるうちに法人化への手ごたえを感じることができました。そして、介護事業部を発展的に解消する形で日総不動産の設立に至ったわけです。

介護分野では、日総での取り組みとは別に、私個人で軽費老人ホームの運営にも乗り出しました。自治体の助成などを受けて割安なサービスを提供する軽費老人ホームは、社会福祉法人や自治体が運営する形を取るので、日総グループの中では扱えなかったためです。

もともとはすでに運営されていた施設でしたが、経営が行き詰まったため、ある人を通じて引き受けてくれないかとの話があり、運営元の社会福祉法人「近代老人福祉協会」の理事長を引き受けることになった次第です。今から20年ほど前のことです。

介護サービスのない従来型の軽費老人ホームは当時から運営が難しいとされ、減少傾向にありました。では、なぜ引き受けたのか？　実は、新たに特別養護老人ホーム（特養）を設立しようと考えたからです。

現在では介護サービスが可能なケアハウスと呼ばれるホームも登場していますが、当時の軽費老人ホームは従来型のホームのみで、費用面でも低所得層向きのリーズナブルな料金での運営が難しい状況でした。それに対して特養は、介護の必要な高齢者をトータルにサポートできる点で入居希望者も多く、比較的安定した運営が可能であるといわれていたので、こちらにシフトしていこうと思ったのです。

しかし、あくまで個人としての運営ですので、自治体からの助成があるとはいえ、数億円に及ぶ資金を自腹で用立てなければならず、これがかなりの負担となりました。

それでも、当初の予定どおり２００７（平成19）年、横浜市港北区新羽町に「ニューバード」を立ち上げ、さらにもう1施設「ニューバード獅子ケ谷」を２０１６（平成28）年、横浜市鶴見区獅子ケ谷にオープンさせました。いずれも特別養護老人ホームです。健全な運営に鋭意努めた結果、おかげさまで両施設とも所管である横浜市から高く評価していただき現在に至っています。

一方の日総不動産ですが、１９９９（平成11）年、日総ニフティに社名変更し、さらに２００４（平成16）年には日総工産から福祉事業を移管統合し、正式に総合福祉事業会社に改組しました。

そして同年、訪問介護を行う「すいとぴー介護ステーション新横浜」を、その翌年には介護付き有料老人ホーム「すいとぴー新横浜」をオープンし、介護事業を本格的にスタートさせました。その後、現在に至るまで介護付き老人ホームを神奈川県内に次々と立ち上げ、現在計6施設を運営しています。

介護付き有料老人ホーム「すいとぴー東戸塚」

順調に施設数を増やしていますが、入居率などでまだ課題があります。高齢化のスピードは、予想したとおり90年代を迎える頃に一気に加速し、1994（平成6）年に倍の14％に達しました。さらに2007（平成19）年には21％となり、ついに「超高齢社会」が到来しました。

その翌年からは人口減少が始まり、高齢化率はさらに上昇を続けていますが、現時点で介護施設の需要は、まだまだ想定したほどには伸びていないようにも感じます。それだけ現代のお年寄りは、昔と比べると総じて健康で元気なのでしょう。

介護業界への参入は時期としては少し早かったのかもしれませんが、個人的にはボリュームゾーンである団塊世代が80歳代を迎える頃になれば、施設への需要は大きく伸びてくるのではないかと期待しています。

これから10年後には確実に需要期が訪れます。そのときに他社との競合に打ち勝ち、一定のシェアを獲得するには、今から状況の推移に目を凝らし、万全の準備を重ねて臨む必要があります。

ただ、介護事業にしても、先ほど述べた労働者派遣事業にしても、率直なところ現時点でもっと成果が出ていて然るべきだという気持ちもあります。
新しい事業に取り組む際には、「ぜひとも成功させたい」「競争相手に競り勝ちたい」といった強い思いがなければうまくいきません。それぞれ現場に責任者を据えて取り組んできたわけですが、そのあたり、なかなか思いが共有できないもどかしさがあるのも事実です。

長年連れ添った智恵子を亡くしたことで、しばらくは心の空隙《くうげき》を埋められないまま過ごしていた私でしたが、七回忌を終えたあたりから家族や社員たちのためにももう少し前向きに生きていくべきだと考えるようになり、再婚しようという気持ちになりました。

その頃、ゴルフ場である女性と知り合いました。私より一回りほど年下で、小さな運送会社を営んでいる方でした。運送会社といっても血液製剤の運搬代行や、病院から出される危険物の廃棄など、特殊な運送サービスを行っているということでした。
ラウンドしながら仕事のことや、シングルマザーとして奮闘している子育てについてなどいろいろな話をしましたが、何となく馬が合うな、話しやすいなと感じ、好印象を持ちました。

その後交際に発展しましたが、何度か会ううちにこの人ならと気持ちが定まっていき、思い切ってプロポーズをしました。それが現在の妻の富志子です。還暦を迎える前に、私は再び家庭を持つことになりました。

妻・富志子と

富志子は結婚を機に仕事を辞め、しばらくは主婦業に専念していましたが、その後、近代老人福祉協会の理事に就任してもらいました。現在は常勤の常務理事として法人の運営に当たっています。私が勧めて始めた仕事ですから、当初はあまり乗り気でなかったようですが、今は面白くなったようで熱心に取り組んでくれています。

アメリカ、中国でも人材事業に挑む

さて、日総での新しい取り組みについてですが、海外でも人材事業を展開したいとの思いを以前から抱いており、アメリカと中国でその可能性を探ってきました。

まず、アメリカでは、２００１（平成13）年に人材派遣大手のケリーサービスとの業務提携が実現し、現地に責任者、営業スタッフを赴任させることとなりました。

ケリーサービスは世界41カ国で事業を展開するグローバルカンパニーで、売上高で当時、世界４位の人材サービス企業でした。アメリカ国内でもさまざまな業種で高シェアを誇っていましたが、工場勤務のブルーカラーについては開拓しきれていない状況でした。

アメリカには、１９８０年代から90年代に円高を背景に日本企業が国内から移転させた工場が数多くあります。日本でこれら大手メーカーと取引実績のある日総工産がアメリカでも日系企業をターゲットとした営業活動を行い、配属する労働者についてはケリーサービスが採用することで、ビジネスとして成り立つのではないかと思われました。日総、ケリーサービスの双方にとってメリットのある提携になると期待されたのです。

アメリカは日本と異なり、人材事業を行う上での法的な制約も少ないことから、日本とアメリカで実績のある両社が組むことで、勝算は十分にあると考えました。業務を開始した当初は、各社から受注が相次ぎ、うまくいくように思われました。しかし、だんだんと息切れして受注が伸び悩み、最終的には継続が難しい状況に追い込まれていきました。

提携先との契約内容や事業を進める環境には特に問題がなかったのに、途中で撤退せざるを得なくなったことは残念でした。せっかくのチャンスを逃したという思いも強く、もう少し慎重に取り組むべきだったと少々後悔の念があります。

一方、中国については、過去、何度かチャレンジを重ね、現在も取り組みを継続しています。

中国進出を考えはじめたのは1990年代の半ば頃で、中国の大学で講師をしている方と知り合い、一緒に中国国内を旅行したことがきっかけです。その際に、現地に進出している日本企業の方々とも話をする機会がありましたが、そこで語られたのが中国人と一緒に仕事をすることの難しさでした。

言葉だけでなく、文化や習慣が異なる人たちに、こちらの価値観を理解・共有してもらうのは思いのほか困難なようで、一筋縄ではいかないという実感を多くの方が抱いているようでした。

しかし、私が中国で出会った大学生や大学の教員たちは、皆さん真面目で熱意がある優秀な方ばかりで、中国という国の層の厚さをまざまざと見せつけられていました。無限の潜在力を秘めた人材の宝庫であり、マネジメントがうまくいかないとあきらめてしまうのは早計ではないかと思われたのです。

「外からやってきた日本人がいきなり日本流のマネジメントを押し付けようとするから失敗するのでは？　まずは現地の若い優秀な人たちに日本のマネジメントや管理システムについて学んでもらい、将来的に彼らに現場のマネジメントを委ねる形をとれば、うまくいくのではないか」

こう考えた私は、教育・研修を含めた人材事業を中国でぜひとも展開してみたくなりました。

さらなる飛躍が期待される中国での事業

そこで、まずは中国政府がレベルアップに力を入れていた「重点大学」10校のうち、西安交通大学など8校と協力関係を結びました。

その上で、1995（平成7）年12月、吉林建築工程学院（現・吉林建築大学）と吉林省に協力を仰ぎ、吉林省の省都・長春に人材育成派遣会社「吉林日総建工有限公司」を合弁で設立しました。大学新卒者をここで採用し、日本式のシステムで教育・研修を施し、現地の日本企業に就職させたり、派遣したりするという計画でした。

提携関係にあった吉林建築工程学院は、土木・建築の専門校です。合弁会社を設立したことがきっかけで、私は同学院から名誉教授の称号を頂戴しました。名誉職ではありますが、年に2回ほど学生たちを対象に講義を行うことになり、慣れない講師役に戸惑いながらも、日本経済や日本の雇用状況等についてお話をさせていただきました。

1996（平成8）年6月には、日総工産単独の資本で「吉林長清工程咨詢有限公司」を設立しました。私自身が董事長（社長）に就任し、いよいよ本腰を入れて中国での人材事業を進めていくこととなりました。

翌1997（平成9）年2月に、第1期生として30名の理工系新卒者を採用しました。出身大学は北京大学、清華大学、浙江大学、西安交通大学、吉林工業大学（現・吉林大学）、雲南大学といった一流校が中心でしたが、単に学歴が優れていただけでなく、わずか半年の研修で日本語を自在に操るまでに上達するなど、優秀な研修生ばかりでした。日本から学ぼうという熱意は尋常でなく、早朝から深夜まで長時間勉強を続ける者も多くいました。

研修終了後、1期生30名のうち一部の研修生は中国国内の日本企業に就職し、残りの8割ほどは来日して、中国に進出している日本企業の工場で学ぶなどさらなる研鑽を積みました。

その後、大半の研修生は中国に戻り現地の日本企業に就職しましたが、何人かは日本に残り、国内で採用された者もいました。そのうちの一人は、現在も日総工産の営業拠点に勤務しています。

こうして好ましい滑り出しとなった中国での人材育成事業ですが、一気に事業の拡大を図るというわけにはいきませんでした。現地での会社を維持するのは次第に困難となり、２００４（平成16）年に現地法人を清算決議するに至りました。

しかし、吉林との関係は今も継続していて、その後も毎年10人程度の中国人新卒者の採用を続けてきました。近年は現地の工学系の大学と新たな提携を行い、昨年は20人という規模の採用が実現しました。この新たなパイプは今後さらに太くなるものと期待しています。

中国での人材事業に関しては、この吉林での事業とは別に、２００３（平成15）年、上海に「上海霓索（ＮＩＳＳＯ）人力資源服務有限公司」を設立しました。

こちらは現地の浦東新区人材市場との合弁会社で、中国に人材サービスを根づかせ、日中の人材交流を促進することを目的に、人材紹介・人事代理・教育研修・コンサルティング等の業務を行ってきました。

おかげさまで、上海日総は大ブレークとはいかないまでも堅調に業績を上げつづけ、今日に至っています。

長年にわたり中国でのビジネスを継続してきて、実績とともに人脈などのネットワークも広がってきていますので、今後はそれを足掛かりに人材事業にとどまらず、新しいビジネスの創出を目指していきたいと考えています。

中日合資

上海寛索人力資源服務有限公司

開業式典が上海にて開催

2004年1月12日に、日総工産と上海浦東新区人材市場の合資企業―中日合資上海寛索人力資源服務有限公司の開業式典が、浦東新区の上海淳大万麗大酒店（Renaissance Hotel）で開催されました。会場には上海市政府関係者の方々、日総工産と取引のある上海進出日系企業の代表の方々、そして中国企業の代表の方々など、合計百十数名の方々にご列席頂き、大勢の方々の祝福を受けて本格的なスタートを切ることができました。

（中国・台湾事業推進室／石）

式典が始まる前に、清水社長は上海市人事局王紹昌副局長(中央)と歓談。向かって右側が上海寛索の陳紹璋董事長(代表取締役)。

式典会場。「開業典礼」とは「式典」の意。「日総工産」のロゴマークは非常に強く印象に残る」と多くの方から好評を頂きました。

式典の様子。1列目には上海市政府関係者の他に、当社からご参席の清水社長、池知常務、藤沢室長。2列目以降はご招待企業の方々。

開業式典で祝辞を述べられる清水社長。上海での事業に対する期待の言葉を述べられました。司会は浦東人材交流センターの程恵民副主任、通訳は中国台湾事業推進室の石弘哲さんが担当されました。

上海NISSOのメンバー。右から、王鶯（副総経理）、杉浦義忠（総経理）、邵秀芳（秘書）、葉暁敏（経理）、嵯峨野光子（営業）。

式典終了後の祝賀会。上海NISSO董事長の陳紹璋氏、そして仲人役の沼田弁護士事務所孫維氏と祝賀の美酒を交わされる清水社長。左の女性は浦東人材交流中心の副主任、鄒女史です。

上海日総開業を伝える社内報記事

社員が信頼し合える組織づくりへの取り組み

中国での新卒採用、人材育成について触れましたが、日本で初めて新卒を採用したのは、今から34年前の１９８６（昭和61）年でした。

迎えたのは北海道滝川市にある滝川西高校の新卒者10人です。同校は甲子園に出場経験もある野球の盛んな高校で、あるご縁から甲子園出場の際に応援などをしていました。

それまでは中途採用オンリーでしたので、新卒を迎えてゼロから教育を行うというのは初めての経験となりました。10人は入社後しばらく研修を受けたのち、静岡県御殿場市の請負先企業に配属されました。

その後の新卒採用は高校のほか専門学校などにも広げ、

日総工産として初の高校新卒者を採用（50歳頃）

多いときで20～30人程度の規模で採用を続けました。10年後には、工場ではなく管理部門での就業を中心とする大卒総合職の採用もスタートしました。

ただ、私たちの業界は景気の変動や得意先の方針転換などによって受注計画の調整を強いられることが多く、新卒の生産要員をコンスタントに一定数採用しつづけるというわけにはいきませんでした。ですから当初は、じっくりと腰を据えて人材育成に取り組む、というのもなかなか難しかったのです。

リーマンショック直後はやはり新卒採用は難しく、一時中断を余儀なくされましたが、その後再開してからは新卒採用者の数は増えつづけています。

一方で、だんだんと組織が大きくなってきましたので、社員同士の信頼関係を深め、モチベーションを上げてもらうことを目的に、１９８２（昭和57）年頃からアワードと社員懇親の場として「全社大会」と銘打った社内イベントを行うようになりました。

1986（昭和61）年の全社大会

大会のメインは、成績の良かった事業所や優秀社員の表彰ですが、スタートした当初はまだ社員数も少なかったので熱海などで旅館を丸ごと借り切って、慰安旅行を兼ねて行っていました。1泊だけのイベントでしたが、夜は大広間で無礼講の宴会を催し、大いに盛り上がりました。

特に業績が良かった年には、全社大会とは別に台湾、ハワイ、グアムなどへの海外研修も行うようになりました。ただ、社員数が増えてくると、全員で慰安旅行というのは難しくなり、都内のホテルに会場を移すことになりました。現在は「ALL NISSO」と名称を変えて、毎年実施しています。

全社員が一堂に会すこのイベントは、年に1度の開催とはいえ、とても意義深いものだと思っています。正社員だけでなく一部の契約社員も参加

改善事例報告会（年度最終審査会風景）

していますので、こうした場で日総の一員としての自覚を高めてもらい、自身のスキルアップ、キャリアアップにつなげてくれればと願っています。実際に当社では契約社員から正社員に登用され、管理職になっている者も多くいます。

また、ＴＱＣ（Total Quality Control ＝統合的品質管理）の活動にも前向きに取り組んできました。産業能率大学などから専門の先生を招聘し、１９９４（平成６）年から本格的に導入しました。

ＴＱＣは、現在では「改善事例報告会」という年間活動制度となっています。まず所属する作業所単位でチームをつくって業務改善に取り組み、その成果を地区ごとに開催する大会で競い合い、優秀チームを選びます。そして、優秀チーム数組が本社で成果を発表し、その年度の最優秀チームを決定し、表彰するという流れで活動しています。

全国大会では、各地域で選りすぐられたチームが競いますので、レベルも高く、大会参加者全員が刺激を受けますので、これも各作業所の士気向上に一役買っていると思います。

[第4章]

社会に貢献し信頼される業界を目指し奮闘

業界の健全化へ――日本構内請負協会を設立

製造請負が一般化し業者が増えはじめた1980年代は、職業安定所（ハローワーク）で求人の申し込みをしても、職安側での対応が慎重となるケースがあると前章で述べましたが、それだけ問題を起こす事業者が多かったということです。

当時は儲かりそうだということで参入して、にわか仕立てで会社を立ち上げる経営者が大勢おり、彼らの大半は法律について十分な知識を持っていなかったように思えます。

中には監督官庁に所定の届け出をせず、労働者を労働保険（雇用保険＋労働者災害補償保険）や社会保険に適正に加入させないまま請負作業所に配置する事業者もおり、ひとたび労働災害などが発生すると大問題になります。労働基準監督署（労基署）から担当者が作業所に乗り込んできて、

「事前の届け出はしていないのですか？　労災にも加入していない？　おたくの会

社はいったいどうなっているの！」

と、請負業者を責め立てるといった話を何度も耳にしました。

ほかにも賃金の未払い、過重労働などで労働者がハローワークや労基署に駆け込むことも当時は多くあり、行政側はますます不信感を募らせ、さらに監督を強化していきました。結果として、請負業界ではどの会社も違法行為をしているのではないかと、疑いの眼差しで見られるようになりました。

その頃は、構内請負へのニーズが一気に高まったことで、業界の採用選考の基準もゆるくなっていました。人手の足りないところにとにかく人をあてがえばいい、人材の質は問わない、という風潮で、求人広告誌などで集めた応募者に対し、教育や研修を行うこともなく、採用した翌日ににわか仕込みで作業を始めさせる、といったことが普通に行われていたのです。

残念なことに、基本スキルに欠ける労働者を多数配置し、継続的に請負料金をダンピングする業者も現れ、こうした風潮を助長していました。

もちろん私は、溶接請負の時代からの長い経験がありましたので、法律を守り、きちんと労務管理をし、教育・研修を行うことの大切さを身に染みてわかっていましたので、自分たちの首を絞めかねない同業者たちの所業の数々に危惧の念を抱いていました。

このままではこの業界はダメになってしまう。何とか請負業界を健全な方向に向かわせることはできないものか――。そのためには、心ある業者が一致協力して、業界の進むべき道を切り拓いていく必要があるのではないか、と思い至りました。

そこで、私は業界団体を立ち上げる決心をし、主だった同業の請負事業者に声を掛け、団体設立への協力を要請したのです。静岡、京都など遠方にある会社には直接出向き、主旨を説明しました。

その結果、16社が協力してくれることとなり、各社の代表と担当者で準備会を結成し、設立の準備を進めました。

そして、1989（平成元）年12月、当社を含め計17社で日本構内請負協会（日構協）を設立しました。初代会長には私が就任しました。

業界の礎を築くさまざまな活動

設立に先立ち、私たちは当時の監督官庁である労働省を訪れ、設立の趣旨を説明し意見を伺いました。日頃から業界のあり方について指導されることも珍しくなかったため、厳しい反応も覚悟していましたが、「業界の健全化に向けて取り組むのはいいことだ。奨励したい」と、予想に反して好意的に受け止めてもらえました。

とはいえ、当時はまだ任意団体でしたし、問題のある業者が業界の大勢を占めていましたので、これからの活動はいばらの道と心得て活動を進めることとなりました。

日構協設立の目的は、まず第一に製造請負への認知・理解の促進、そして業界に関わる法令・告示への対応、さらに労務管理の促進、雇用責任の徹底でした。

わが国では労働者の派遣は法律で禁じられてきましたが、働き方の多様性が徐々に社会に浸透するようになって、1985（昭和60）年に労働者派遣法が成立し、労働者派遣が認められることとなりました。しかし、対象の業種は制限され、直接雇用している労働者が派遣労働者に置き換えられないよう、専門的な知識を必要とする業務に限るとし、製造業は派遣の対象にならなかったのです。

また、これに加えて翌年には、旧・労働省（現・厚生労働省）から労働者派遣事業と請負の事業との違いを明確に定めた「労働者派遣事業と請負により行われる事業との区分に関する基準（昭和61年労働省告示第37号）」が示されました。

そこには問題の多い製造請負業者が派遣事業を始めたら、ますます歯止めが利かなくなるという危惧もあったものと思います。こうしたことからも、社会一般が抱いている「ブラック企業による労働者あっせん」といったネガティブなイメージを何とか変えたい、という思いが私たちの悲願になりました。

そのためには、業界に関わる法令などをきちんと理解し、雇用のルールや労務管理についても勉強しなければなりません。そこで、管理者教育や経営者の勉強会を日構協の活動の中心に置き、日々実践することとなりました。

具体的には、まず外部から弁護士や学識経験者を講師として招き、定期的に講演会を開催しました。また、得意先のメーカーにも協力を仰いで合同研修を実施したり、社会保険労務士や労働安全衛生コンサルタントなどを招いて、職能別、テーマ別にさまざまな研修会を実施したりしました。

業界全体の底上げが私たちの目的でもありましたから、こうした研修会には日構協の会員以外の同業他社にも門戸を開き、参加を促してきました。

このほかにも、経営者団体や法律家・学識経験者、国会、行政などへの働きかけ・対話を進める渉外活動や、経営の安定、安心して働ける職場づくりを目的とした共済制度の充実にも力を注いできました。

さらに、協会主催による海外の人材ビジネス視察も積極的に行ってきました。1995（平成7）年5月のサンフランシスコ・ロサンゼルス視察旅行を皮切りに、同年11月にはベトナム・中国、1996（平成8）年10月はタイ・シンガポール、1997（平成9）年6月にはオランダ・ベルギー・フランスと、さまざまな地域の労働事情、派遣事情等を視察し、多くの知見を得ることができました。

こうした努力が徐々に実を結び、少しずつではありますが加入会員も増え、業界団体としての存在感も増してくるようになりました。

そして、1998（平成10）年からは、会員が適正な請負現場の整備を学ぶための「請負モデル作業所」づくりへの取り組みを開始しました。これは先ほど触れた「37号告示（労働者派遣事業と請負により行われる事業との区分に関する基準）」や「労働安全衛生法」など関連法の項目に沿って、適法な請負取引・雇用管理等を推進することを目的に、各社が請負を行っている現場のなかでモデルとなり得る作業所を設定し、そこで適正な現場管理に徹底して取り組み、全作業所の模範にしようというものです。

それまでは、適法な請負契約に取り組むにしても、会社によって基準や考え方にバラつきがあったため、協会として客観的な目安を設け、これをクリアした作業所を「モデル作業所」として認定することになったのです。

モデル作業所に関する考え方や活動は、現在の日本生産技能労務協会（技能協）にも引き継がれています。そして後に述べる厚生労働省の「請負ガイドライン」、さらに厚生労働省委託事業となる「製造請負優良適正事業者認定制度」（GJ認定制度）にも連なっているように思います。

社団法人としての再出発

こうして日構協の取り組みは着々と成果を上げていきましたが、私自身はまだまだ不十分であると感じていました。それは、日構協が任意団体に過ぎなかったからです。行政から、そして社会からの信頼を高めるには、任意団体から社団法人への格上げが必要だと考えたのです。しかし、社団法人化は簡単にはいきません。そこで、協会内に社団法人推進委員会を設け、本腰を入れて取り組むこととなりました。

労働行政は、日構協設立の際には私たちの姿勢を歓迎してくれたとはいえ、業界の体質が一気に変わったわけではなかったため、関係者の中には請負業界に対する見解が以前とあまり変わっていないように見受けられる方もいらっしゃいました。

結果として社団法人化を実現するまでには長い時間がかかりました。慣れない手続きに戸惑いながら、必要な書類を揃えて行政側に出向き説明を続けたのですが、遅々として進みません。何とか打開する手はないかと日々頭を悩ましていました。

行政に私たちの仕事を理解していただくにはどうしたらいいか――。やはり政策を決め行政の方向を指し示す立場にある政治家に関心を持ってもらうことが必要なのではないか。請負業界の健全化に向けた私たちの取り組みを知ってもらい、後押ししてもらうことで、現状を打開する道も開けてくるのではないか――そのように考えたのです。

そんなとき、ある人を通じて自民党の船田元さんにお目にかかる機会がありました。当時、船田さんは経済企画庁の長官で、次世代の政界を担うホープと期待する声も高かったのです。

またとない機会ということで、私は製造請負が日本の産業振興に果たしている役割や今後の可能性、そして業界の健全化に向けて取り組んでいる協会の活動などについて、ここぞとばかりに熱弁をふるいました。その頃の船田さんは請負業界についてそれほど詳しいわけではなかったのですが、私の訴えに真剣に耳を傾けてくださいました。

その後も、船田さんには引き続きお目にかかり、相談に乗っていただく一方、ほかの政治家の方々にも業界が抱える問題についてお話しする機会も増えてきました。

さらに、船田さんを通じて、当時労働省（現・厚生労働省）の大臣官房長を務めていた戸苅利和さんをご紹介いただくことができました。

戸苅さんはのちに事務次官も務められた方で、製造請負については当時からもちろん精通していました。私たちの業界について色眼鏡で見るということはなく、日構協の活動の意義、取り組みの現状をお伝えすると、非常に高く評価してくださいました。

船田さんや戸苅さんをはじめ多くの方々のお力添えで、何とか公益法人化の目途が立ち、２０００（平成12）年10月、社団法人日本生産技能労務協会（技能協）が発足しました。会長は、引き続き私が務めることになりました。

技能協と名称は変わりましたが、基本的な活動は日構協時代と大きく変わったわけでありません。

「派遣法改正」「無期雇用化」など、タイムリーなテーマを設定して経営戦略セミナーを実施したり、全国各地に会員企業が増えてきたことから仙台、東京、名古屋、大阪、福岡の5地区で地区交流会を開催したりと、情報提供や会員間交流に一層力を入れるようになりました。

作業現場で働く人たちに対しても、研修・セミナーをニーズに応じて各種実施し、専門出版社と提携して教育教材の提供も行っています。最近では、現場のリーダー、請負工程責任者等を対象に「リーダー塾」を開講しています。

一方、労働行政を担う厚労省や、日本経済団体連合会（経団連）、商工会議所、中小企業団体中央会などの経済団体、連合をはじめとする労使団体とのコミュニケーションにも努め、意見交換を重ねて連携を図るなど、ネットワークの拡大にも余念なく取り組んでいます。

問題企業の所業に悩まされる

悲願だった社団法人化をようやく実現することができましたが、業界には問題を起こす会社が後を絶たず、行政や社会全般から注がれる眼は、相変わらず厳しいままでした。

問題企業としてマスコミの注目を引いたのは、クリスタルグループでした。京都に本社を置く同社は、最盛期は業界最大手と目されていましたが、分社化して事業展開を行っていたため、実態は謎に包まれていました。傘下の請負会社は全国にあり、当社の営業所と競合するケースも多かったのですが、設立後数年経つと突然会社をたたんでしまい、跡形もなく消えてしまうということもあったようです。

同社をめぐっては、請負業界全体に影響するような報道が多くのメディアで流されました。その内容は、労働者の雇用管理や、請負取引の要件整備などに関する疑惑でした。

その一方で、同社傘下の会社数は増えつづけて150社から200社にも達し、最盛期の売上高は5000億円とも7000億円ともいわれるまでに拡大していったのです。

マスコミを賑わしつづけたクリスタルグループですが、2006（平成18）年、ついに子会社コラボレートが偽装請負で業務停止命令を受けます。

その後、クリスタルグループのオーナーは同社の売却を決意、大手人材派遣のグッドウィルが買収したものの、周知のようにグッドウィル自体が子会社の介護保険法違反や自社の労働者派遣法違反を問われ、有料職業紹介事業および一般労働者派遣事業の廃止に追い込まれます。そして２０１０（平成22）年に特別清算され、その後完全消滅するに至りました。

クリスタルグループの偽装請負が発覚し、大きな話題となったことは、請負業界全体にとっても打撃で、業界への不信感をさらに強めることになったのも事実です。しかし、その後司直の裁きを受け清算に至ったことは、同業他社への戒めとなりました。業界が膿を出し切り、健全化に向かうプロセスで経験しなければならないことだったと、現在では前向きに捉えています。

偽装請負撲滅へ官民一体で取り組む

２００３（平成15）年、労働者派遣法が改正され、翌年3月より「物の製造業務」が解禁となりました。製造系人材サービス業の分野でも、業務請負だけでなく労働者の派遣が可能になったのです。

製造現場への労働力供給を強化してほしい、就業機会を拡大してほしいというニーズに、規制緩和を推し進めていた当時の小泉純一郎内閣が応えた形ですが、業界内ではこれを機に業務請負から派遣へとシフトしていく流れが強くなっていきます。

私自身は当時、この動きを冷静に見ていたと思います。派遣というスタイルでは、労働者派遣契約に則って労働者・派遣先・派遣元をつないでいくという図式となります。当然、業務請負とは異なる新たな〝人材ビジネス〟となり、特に製造現場の派遣スタッフの育成方法にも、企業の直用労働者とは異なるスキームが要求されるのではないか。製造現場の作業イメージを体得した技能者としてきちんと業務にあたる人材を派遣するのであれば、請負に負けないくらい、労働者のキャリア向上に寄与できるはずだと考えはじめていました。

ところが、２００６（平成18）年頃からいわゆる「偽装請負」が社会問題となり、発注元が法的リスクに備えた結果、請負契約の多くが労働者派遣契約へと変更されることとなりました。こののち、２００９（平成21）年に民主党政権が誕生すると、「物の製造業務」を再び禁止にしようという動きが出てくるようにもなるのです。

偽装請負の問題については、技能協としても解決に向け尽力することが大切であると考えていたところ、厚生労働省は事業主への監督指導を強化するために２００６（平成18）年9月4日、「偽装請負に対する当面の取組について」と題する文書を発表しました。そして、同年10月から「製造業の請負事業の適正化及び雇用管理の改善に関する研究会」が厚生労働省内に発足し、学識者とオブザーバー（請負事業主・製造業団体）によって「雇用管理の改善等に取り組む請負事業主及び発注者が講ずべき措置を明らかにする」というミッションが掲げられ、そこに技能協と業界団体・日本製造アウトソーシング協会（ＪＭＯＡ）が参集したのです。

研究会は計10回開催され、2007（平成19）年6月に業界の健全化を目的とした「請負ガイドライン（正式名称は『製造業の請負事業の雇用管理の改善及び適正化の促進に取り組む請負事業主及び発注者が講ずべき措置に関するガイドライン及びそのチェックシート』）」が策定されました。この「請負ガイドライン」の普及・啓発を目的に、平成19年度から国の委託事業として「請負事業適正化・雇用管理改善推進事業」がスタートしました。

技能協はこの委託事業を初年度から継続して受託し、これを運営する第三者機関「製造請負事業改善推進協議会」にも、技能協の理事が請負事業主側のメンバーの一人として参加することとなりました。

受託した当初は、ガイドライン普及・啓発のための全国セミナーの開催や、請負モデル事業の選定などに取り組んできました。2008（平成20）年2月には学識者や厚労省幹部などの協議会メンバーが、請負モデル事業の一つである当社取引先のセイコーエプソン富士見事業所（長野県諏訪郡）の半導体関連部署を視察しました。

優良・適正な事業者育成へＧＪ認定制度を創設

その後、委託事業において実効性のある施策として取り組んだのが、「製造請負優良適正事業者認定制度」（ＧＪ認定制度）の創設です。ＧＪ認定制度は、質の高いサービスと質の高い雇用、その両方を提供する優良で適正な請負事業者の育成を目的とするものです。請負事業者たるもの、認定マーク――当初は「マル適マーク」と呼ばれ、のちに「ＧＪマーク」と呼ばれるようになりますが――の取得を目指そう、というわけです。

なぜ、ＧＪ認定制度の創設に取り組むことになったのか――その理由は、「偽装請負」ではなく適法な請負事業を営むための判断基準は、旧労働省（現・厚生労働省）による「37

当社が認定を受けた際に取得したＧＪマーク

号告示（労働者派遣事業と請負により行われる事業との区分に関する基準）」で示されていたものの、このガイドラインを実践するにあたって、現場での各論に落とし込んだ目安が必要と考えられたからです。

運営コストの問題などクリアすべき課題がいくつかあったため、当時すぐに実施することは難しかったのですが、次第に実現の目途が見えてきました。行政としては、業界に対して「自分たちの庭は自分たちできれいにしなさい」という意図を込めていたのだと思います。

ＧＪ認定制度では、協会独自の審査ではなく、より客観性や信頼性を担保できる第三者機関による認定を条件とすることとなりました。そこで、佐藤博樹・前東京大学社会科学研究所教授を会長とする「製造請負事業改善推進協議会」において、同制度を適正・公正に運営するための体制を整えました。平成27年度からは佐藤先生に代わり、学習院大学経済学部教授（現在、同大学名誉教授）の今野浩一郎先生に会長を務めていただいています。

協議会、委員会の先生方、事務局のメンバーたちの努力が実って、ＧＪ認定制度は

2010（平成22）年から実施の運びとなりました。

認定取得の条件は、かなり厳しく設定されています。チェック項目は「経営方針の策定・周知、危機管理、告示37号、生産管理活動、技能資格、体制、キャリアパス、キャリアコンサルティング、職業能力開発、能力評価、労働保険・社会保険、個人情報保護、安全衛生管理、ワークライフバランス、相談苦情処理」など全部で100項目以上あります。

また、各事業者の代表者（社長）へのヒアリングも実施されます。審査員が各社を訪問して本社の審査を実施し、さらに2拠点の請負事業所の審査も行います。

認定を受けるにあたってハードルになるのが、どれだけ業界のお手本になることを行っているか、という点です。法律どおりにやっていますという、守りのスタンスではダメなのです。プラスアルファのポジティブな姿勢が問われるということです。

このような厳しい審査基準を設けているため、業界大手の企業でも認定を得られないこともあり得ます。一方、企業規模が小さくても日頃から懸命に努力している事業者であれば、認定を受けることも可能です。

技能協では、ＧＪ認定制度のさらなる認知促進、認定事業者拡大に向けて厚生労働省や労働局とも連携し、全国各地で請負事業者やメーカーを対象に説明会を開催するなどして、制度の周知に努めてきました。

そうした地道な積み重ねが実り、ＧＪ認定事業者は平成30年度までに55社となりました。当社も開始年度より認定を取得しています。

メーカー側の認知も高まったことで、最近ではＧＪ認定を受注の条件にするところも増えてきています。こうした傾向がさらに強まることで、請負業界の健全化が一層進むものと期待しています。

リーマンショックがもたらしたもの

技能協を巡る大きなトピックスとしては、日本製造アウトソーシング協会（ＪＭＯＡ）との統合が挙げられます。

同協会は２００３（平成15）年に設立された業界団体で、20数社の会員企業で構成されていました。業界のコンプライアンス向上に熱心に取り組んでおり、技能協とは志が重なる部分も大きく、合併に向けた話し合いを進めた結果、２００９（平成21）年６月に統合に至りました。

統合を後押ししたのは、その前年に起こったリーマンショックでした。リーマンショックは私たちの業界に大きな打撃を与えましたが、また悪しき旧弊を一掃する機会も提供してくれました。

リーマンショックが日総工産にもたらした影響については次章で触れるとして、ここではリーマンショック後の請負業界の対応について述べます。

リーマンショックの前までは、請負を導入している発注者（メーカー）の立場からすると、今まで自社の正社員が担当していた業務を下請けへ発注することで、大幅なコストダウンにつながるとともに、異動した正社員を新規の技能作業や他部署への応援等にも転用できるといったメリットも大きかったのです。

しかしながら請負事業主としては、労働者の賃金と会社の最低限の利益を除くと、何も残らないというぎりぎりの状況で事業を営まざるを得ない状況も発生していました。

ところが、これがリーマンショックを境に大きく変わることとなりました。

それまで請負事業で働いていた労働者は100万人規模といわれていたのですが、リーマンショックによって6割がこの業界を離れました（2009年1月技能協・JMOA試算）。その数年前から偽装請負が社会問題化していましたから、本人だけでなく親などに反対され、もう請負業界には戻らないと決めた人たちが、その後景気が回復し再び業務請負へのニーズが高まった際にも戻ってこなかったためだといわれています。

また、少子化や労働人口の減少などが追い打ちをかけ、請負業界に限った話ではありませんが、慢性的な人手不足に陥ってしまいました。

さらに、請負企業は各分野で高い技能を持つ従業員を採用するために、労務原価（給与・教育・福利厚生等）を高めに設定し、雇用環境を整備していきます。そうなると需給のバランスが崩れ、発注者に対して取引単価の値上げを交渉し、その金額はだんだんと上昇していきます。すると値段が上がってくることで、発注者も金額に見合った高いクオリティと改善力を求めるように変わっていったのです。

その結果、製造業の現場では、一定の技能教育を受けた人材が請負企業の適切な管理の下、自己のキャリアアップを形成しながらラインの作業に当たるという、製造請負の人づくりのパターンが標準化されていきます。

また、「無期転換ルール」（有期労働契約の更新が通算5年で期間の定めのない無期労働契約に転換できるルール）を定めた２０１３（平成25）年の労働契約法改正、「労働契約申込みみなし制度」（派遣先が「違法派遣」と知りながら派遣社員を受け入れている場合、違法が始まった時点から、派遣ではなく派遣先との「直接雇用」の契約をしていたとみなす制度）を定めた２０１５（平成27）年の労働者派遣法改正により、派遣事業を営む上でのハードルが一気に上がったことで、安易に労働者派遣業を営むことは難しくなりました。同業者の中には「うちはもう無理だ」ということで、廃業するところも出てきたのです。

廃業を決めた会社の方々には気の毒でしたが、長期的に労働者を雇用できる環境を整備していなければ、今後は人材ビジネスを営むことは難しいということです。業界の健全化、正常化という観点からは、むしろ望ましい方向に変わりつつあると言えるかもしれません。

リーマンショックとそれに続く法改正によって、請負業界全体は間違いなく良い方向へ歩んできたと確信しています。

〝派遣切り〟で連合と話し合い

とは言うものの、リーマンショックにより請負・派遣スタッフが大量に雇い止めになったり解雇されたりしたことで、私たちの業界への風当たりは相当に強くなりました。

実際、技能協の会員企業の多くも、労働者の雇用が難しい状況に陥っていたのです。顧客であるメーカーから今までどおり仕事を受注できなくなったのですから、やむを得なかったのですが、社会からは厳しい批判を招くこととなりました。

日本労働組合総連合会（連合）からも、何とか雇用を確保できないかという要請があり、技能協会長として説明に伺ったこともありました。

その場にはテレビの取材クルーも入っていた記憶がありますが、その席で私は、

「雇用調整で最も厳しい状況に追い込まれるのは、私たち業務請負・派遣の業界です。メーカーの正社員を解雇するのは容易ではないのですから」

と申し上げました。

派遣切り、雇い止めなどの問題が連日メディアで取り上げられていますが、これが請負や派遣のスタッフではなくすべて正社員だったら、さらに大きな問題に発展する可能性もあるのではないかと思ったのです。

すると、先方の担当者は私の発言を否定せず、

「よくわかります。正社員も請負も派遣も、早く安定して働ける状態に戻りたいものです」

とおっしゃってくれました。

社団法人 日本生産技能労務協会
Japan Production Skill Labor Association

CSR宣言。

Corporate Social Responsibility

当協会の会員企業は、製造の請負や派遣で働く人たちが安心して、安全かつ健康に働けるようにするとともに業界の健全化が図られるようCSR宣言をいたします。

(このCSR宣言は、ミッション、行動憲章、行動指針で構成されています)

日本生産技能労務協会は製造の請負や派遣で働く人たちの就業の安定、労務管理の改善、技能の養成を図り、もって産業の発展に資することを目的として設立されました。このCSR宣言は、会員企業が協会の倫理規定・諸規則を遵守し、自らを律する上での「基本精神」及び「活動指針」とするためのものです。会員企業は、自らの責務・役割の重要性と社会への影響力の大きさを認識し、雇用創出を通して、従業員の雇用の安定と労働条件の改善・向上、安全衛生管理の適正な実施に努めるとともに、健全な企業運営を行ってまいります。また、この宣言を踏まえ、志を同じくする会員企業とともに業界の一層の健全化を図り、更なる労働者の就業の安定と福祉の向上、そして経済社会の継続的な発展に努めてまいります。

■ミッション

人間尊重の基本理念に基づき、働く者の権利を守り、事業活動を通して、働き甲斐のある職場環境をつくり、我が国産業ならびに健全な社会の発展に寄与することを協会の責務とします。

■行動憲章(要約)

- ●法令及び協会の倫理規程等を遵守し、健全な企業運営を行う。
- ●安全衛生管理体制を整備するとともに積極的な安全衛生管理活動に取り組み、労働災害の撲滅に努める。
- ●適正な「請負」を推進する。
- ●労働者の就業へ不利益につながる不公正な競争は行わない。
- ●ステークホルダーに対して、虚偽、誤解を招くような宣伝や情報提供はしない。
- ●「CSR宣言」を会員企業の隅々にまで周知徹底し、誠実・公正な業務遂行に努める。

■行動指針

1 労働者の就業に関する取り組み

- ●請負事業については、期間の定めのない労働者に従事させることによって、長期かつ安定した雇用機会を確保することを最大限努力します。また、派遣事業についても、派遣期間の終了に伴い雇用期間が終了するときに失業することのないように、新たな派遣先を確保することや、派遣先企業における直接雇用を促進するなどにより、その雇用機会の確保に努めます。
- ●雇入れ後のミスマッチを防止するため、募集時に必要となる経験、資格、業務等の内容を詳しく説明します。
- ●スキル水準や資格要件等を明確にした労働者の能力開発を推進するとともに、適正な能力評価や処遇の改善に取り組みます。
- ●パワハラ・セクハラ等についても、苦情処理の専用窓口を設け、発生原因を迅速に把握し、的確な対応を行うとともに、必要に応じユーザー企業の協力を得て問題解決に取り組みます。

2 関係法令の遵守徹底

- ●労働基準法、労働安全衛生法、労働者派遣法、職業安定法など業務に関する法令を遵守した事業運営により、労働者の適正な労働条件や安全衛生と就業を確保し、コンプライアンスの推進に努めます。
- ●労働者の労働保険、社会保険への加入を徹底し、ユーザー企業に加入状況を明示します。
- ●関係法令に基づく安全衛生管理活動(安全衛生教育や健康管理等)を推進するとともに、自主的な安全衛生管理活動を積極的に展開することによって、職場における安全衛生上の問題点を明確にし、その改善に取り組み、労働災害の防止に努めます。

〈社団法人 日本生産技能労務協会　会員〉(地区別 五十音順)

北海道・東北地区　株式会社アスクゲート/株式会社オガワ企画/株式会社中央サービス/東洋ワーク株式会社/株式会社トーネット・コーポレーション/株式会社ネイヴルソリューションスタッフ

関東・甲信越地区　株式会社アイライン/株式会社エスビーシー/エヌエス・テック株式会社/株式会社オリエンタル・サービス/株式会社カインズ/株式会社ケーアイ/サン ヴァーテックス株式会社/サンコー・エンタープライズ株式会社/株式会社シーケル/株式会社シグマテック/ジャストスタッフ株式会社/ジャパン・ビジネス・システム株式会社/株式会社セントラルサービス/髙木工業株式会社/タカギロジスティクス株式会社/日研総業株式会社/日総工産株式会社/株式会社日本テクノス/日本マニュファクチャリングサービス株式会社/株式会社農機具や太郎/株式会社パートナー/ヒューコムエンジニアリング株式会社/株式会社ヒューマンアイ/株式会社平山/株式会社プランナー/株式会社ブロード/株式会社フロンティアジャパン/株式会社ホットハート/山一工業株式会社/株式会社ライトニングファクトリー/株式会社ワコーエンジニアリング/株式会社ITNサービス

北陸・東海地区　株式会社イカイ/株式会社エー・オー・シー/株式会社三協/三幸興業株式会社/東和テック株式会社/株式会社パーソナック/株式会社プレミア・ジャパン/株式会社ワールド/株式会社ITC/IUMI株式会社/SAN WORK合同会社

関西・中国地区　株式会社アドミック/株式会社ウイルテック/株式会社エイブルワーク/川相商事株式会社/協同産業株式会社/株式会社クリエイト・エンジニア/株式会社シティトラスト/株式会社ジャパンクリエイト/人材プロオフィス株式会社/株式会社ステップグランドシステム/株式会社タイト・ワーク/株式会社竹本電機製作所/株式会社トーコー/ナイスプランニング株式会社/株式会社ニッソーサービス/株式会社フィールド/フジアルテ株式会社/株式会社ワールドソリューションズ

四国・九州地区　株式会社ケーエイチシー/シーツービーテック株式会社/株式会社総合プラント/トータルテック株式会社/徳島ワークサービス株式会社/株式会社マイオール/株式会社ワークスタッフ

〈お問い合わせ〉社団法人 日本生産技能労務協会 事務局　〒105-0004 東京都港区新橋3丁目10番9号 キューアス新橋ビル5F　TEL:03-5777-4881(代表)　FAX:03-5777-4801(代表)　E-mail:info@js-gino.org

http://www.js-gino.org/

「CSR宣言」全面広告(日本経済新聞2009年10月19日付)

そのとき、言うべきこと――業界としてのメッセージは、きちんと発信していかなければいけないのだと感じました。しかし一方で、意見を言う以上は業界としてクリーンでなければならず、コンプライアンスの保持にも真摯に取り組んでいかなければいけないと、あらためて決意した次第です。

そこで、技能協として、会員企業が果たすべき社会的責任を明記した倫理規定をつくることとなりました。さらに、それを協会の会員間で徹底するだけでなく、広く社会に向けても発信していこうということで「技能協ＣＳＲ宣言」と銘打ち、２００９（平成21）年10月19日、日本経済新聞に全面広告を掲載しました。

紙面では、「当協会の会員企業は、製造の請負や派遣で働く人たちが安心して、安全かつ健康に働けるようにするとともに業界の健全化が図られるようＣＳＲ宣言をいたします」と謳い、具体的な行動指針（労働者の就業に関する取り組み／関係法令の遵守徹底）を明記しました。そして、技能協に加盟する会員企業名を地域別にすべて記載しました。

一方、連合とはその後も意見交換を行うなど連携を重ねていき、２０１０（平成

22）年4月には、派遣・請負労働者の処遇改善と事業の適正・健全な運営を促進することを目指すとした「共同宣言」に調印しました。

東日本大震災後の雇用確保に尽力

先ほど技能協での取り組みの一つとして、経済団体との連携について触れましたが、経団連とつながりを持つきっかけになったのは、政治家の方々との勉強会でした。技能協が発足する頃から、国会で労働問題が取り上げられることが多くなり、事前に業界の関係者を呼んで話を聞こうということで、勉強会が催されることが増えてきました。その際、技能協の会長だった私にも声が掛かり、何度か会合に伺ったのですが、その席に経団連の関係者が呼ばれていることも多く、そののち直接意見交換などを行うようになったのです。

与党・野党を問わずさまざまな政党から勉強会に呼ばれました。ただ、議員の中には、初めから私たちを色眼鏡で見る方もいて、業界のことをありのまま真摯にお話ししようと思ってもあまり耳を貸さず、私たちへの批判や非難を繰り返すなど、困惑させられることも度々ありました。

しかし、政治家の方々の会合に参加させていただくことは、今後労働行政がどのような方向に向かうか、法律の改正や新たな法案が提出される兆しがあるのか、といった動きの一端を知る貴重な機会となりました。もちろん機密事項が私たち外部の人間に開示されることはありませんが、「行政はこんな方向に向かいそうだな」「こんな法案が成立しそうだな」といった空気を肌で感じ取ることができるのです。

さて、日本経済はリーマンショック後の景気後退から徐々に脱して回復基調に乗り、私たちの業界も持ち直してくるようになりましたが、２０１１（平成23）年3月11日に起きた東日本大震災で再び大きなダメージを受けることとなりました。

当時は民主党政権下でしたが、細川律夫厚生労働大臣から急遽《きゅうきょ》、人材ビジネス団体と面談の場を持ちたいとのお話があり、震災直後の3月28日、他の団体代表とともに大臣室にお訪ねしました。そこで、震災により工場が流されるなどして仕事をなくした人が大勢いるので、労働者の雇用の安定と保護を図るため、最大限に配慮してほしいと要請されたのです。

厚生労働大臣からの要請ですから真摯に受け止め、業界の総力を結集して協力しますとお答えしたのですが、実際のところ新たな雇用を促進するにせよ、東北方面にネットワークのない事業者が出向いても難しいだろうと思いました。地元の請負会社が動くのが一番なのですが、会社自体が震災でダメージを受けていますから、こちらもあまり期待できないだろうと感じたのです。

それでも技能協では、被災地に本社がある会員企業をはじめ、東北に拠点を置く企業が中心となって、雇用の確保に全力で取り組みました。その結果、毎月500～1000人の新規雇用を掘り起こしつづけることができ、その後4年間で3万人を超える新

細川律夫厚生労働大臣から震災被災者への雇用安定・保護を直接要請される（2011年3月、厚生労働省大臣室で）

規雇用を生み出すことができました。

一方、派遣・請負事業者は当時、天災事故時の雇用調整助成金制度の対象になっていなかったのですが、被災した会員企業から何とか対象にならないかという切実な声が上がったことから、関係方面に働きかけを行いました。

その結果、私たちの業界も助成対象となり、また対象地域も広げられることになって、各社が抱えていた現場スタッフの雇用維持につながったのです。

この頃になると、技能協を構成する会員企業の層も厚くなり、各社とも業界のさらなる発展・成長に向け、意欲的に取り組む姿勢が一層強くなっていました。特に、東日本大震災後のこうした会員同士の協力・協業、そして達成された成果には目覚ましいものがあり、私自身、大きな達成感を感じていました。

日構協の設立から20年以上が経過し、ここにきてようやく一区切りついたという実感を抱くことができたのです。

もちろん、請負や派遣に対するネガティブなイメージが一掃されたわけではありませんが、行政や経済団体、労使団体とは一定の信頼関係を築くことができましたし、何より協会自体がより良い方向に進んでいこうという、自律的な組織に変わったことが何より頼もしく思えたのです。

これを機に、私は技能協を次の世代にバトンタッチする意向を固め、すでに日総工産の社長に就任していた長男の竜一に後を託すことにしました。

こうして2011（平成23）年5月、私は技能協の会長を退任しました。

技能協は2018年12月18日、創立30周年を迎えた。記念式典で挨拶に立つ（2019年1月）

［第5章］

逆境で見えてきた人材事業の新しい可能性

新横浜に新たに本社ビルを建設

日構協、技能協について取り上げた前章では、設立から現在に至る軌跡をたどってきましたが、ここで時計の針をリーマンショック前に戻し、その後の日総工産の歩みについて述べさせていただきます。

1997（平成9）年1月、横浜市新横浜1丁目に建設中だった日総工産新横浜本社ビルが竣工しました。

大型の本社ビルを建てる決断をした背景には、鶴見の日総第1ビルが手狭にな

日総工産新横浜本社ビル

ったこともありますが、直接の理由は、技術系の人材派遣会社として急成長を遂げていた株式会社メイテックの研修施設を見学したことでした。

同社が1993（平成5）年に開設した厚木テクノセンターは、さまざまな技術研修を行うための設備や装置が完備された大型の研修所ですが、それだけでなく、プールや座禅を組むスペースを設けるなど、メンタル面を含めてトータルに人材を育成しようという意欲にあふれています。「人づくり」に力を入れている当社としても、こんな充実した教育施設をつくりたい、そんな思いに突き動かされたのです。

そこで、日総の次の時代を担うにふさわしい場所を探すことになりましたが、新横浜のこの地に決まるまでには、さまざまな候補地が検討の俎上にのぼりました。

最初の候補地は、千葉県の幕張でした。幕張といえば、〝幕張新都心〟として1970年代後半から開発が進められてきた地域で、1989（平成元）年に幕張メッセ（日本コンベンションセンター）がオープンして以降は、多くの大手企業、外資系企業がオフィスを構えるなど人気のエリアとなっていました。

当時、最先端の〝国際都市〟として脚光を浴びていただけに、食指が動いたのですが、候補となった土地は500坪と想定以上の広さで、また地価も相当に高かったため、断念せざるを得ませんでした。

しかし、今にして思えば、幕張は都心からかなり遠くアクセスに難があり、その後は企業誘致も想定どおりに進まないなど、徐々に人気に陰りも出てきましたので、結果的には幕張に本社を構えなくてよかったのかもしれません。

その後、千葉ニュータウンの中核都市・千葉県印西市や、横浜市鶴見の国道駅近辺などが候補に上がりましたが、最終的には新横浜に落ち着くこととなりました。

決め手は、新横浜が東海道新幹線の停車駅であることでした。地方にある営業所の多くは新幹線の停車駅近くにあるので、本社へのアクセスが容易なら、研修や会合などを頻繁に行っても集まりやすい。本社と営業所の距離を縮めてくれることになり、これは大きなメリットではないかと考えたのです。

こうして新横浜ビルの建設が決定しましたが、

新横浜ビル竣工式典で（61歳）

当初建てたのは敷地の半分だけでした。それでも、旧本社の日総第1ビルから移ってきた社員たちの多くは、新しいビルの広さに戸惑っているようでした。

「社長、こんなに大きなビルを建てたのは、テナントを入れるためですか？」

「何を言っているんだ。テナントなんか入れる余裕はないよ。この広さでもすぐに手狭になるから」

その言葉どおり3年後にはスペースが足りなくなり、残りの敷地に新館を建てることになりました。

新横浜ビルの入り口には、当初の予定どおり「日総テクノセンター」の看板も掲げましたが、本格的な技術研修を行うためのスペースの確保は難しく、一般的な研修やセミナーの開催に利用されることとなりました。高度な技術研修を行う施設は、その後、請負・派遣先の工場に近い地域に新たに開設することになります。

社長職を長男・竜一に譲り、代表取締役会長に就任

2004（平成16）年4月、私は代表取締役社長を退任し、代表取締役会長に就任しました。後任の社長には、長男の清水竜一副社長を充てることとしました。

竜一が生まれたのは、私がまだ日本鋼管に勤務していた1961（昭和36）年です。子どもの頃から水泳が得意で、スイミングスクールに長く通っていました。各所で開催される大会に出場して戦績を重ね、神奈川県のランキングで1位になったこともあります。また、釣りが好きだったので、休日には親子でよくあちこちの釣り場に出かけま

就任式での清水竜一社長（当時）

長男・竜一と（30歳頃）

した。

大学生の頃は、日総工産の請負先の工場でアルバイトをさせていました。早くから会社の仕事を経験させたかったからです。しかし、卒業後すぐには日総に入らず、兵庫県の設備関係の会社に就職して配線・配管を行う現場の監督などを務め、27歳で日総工産に入社しました。

その後は、営業所の所長、生産事業本部長、管理本部長などを歴任し、2001(平成13)年6月から取締役副社長を務めていました。

社長職を竜一に譲ったのは、早くから責任ある立場で会社のかじ取りを担ってもらう必要があると思ったからです。

とはいえ当時は私自身も若く、会社もまだこれからという段階でしたので、会長就任後も引き続き私が経営の中枢で陣頭指揮を執りつづけることになり

一家で正月の記念写真(31歳頃)。写真左から次女・智湖、妻・智恵子、長女・智華子、長男・竜一

ました。

長男の竜一について触れましたので、長女、次女についても記しておきます。

長女の智華子は現在、日総工産の子会社、日総ブレインの代表取締役社長を務めています。働きはじめた当初は大手人材派遣会社に登録して、3年ほど野村證券本店の役員室で秘書として受付業務を担当していました。派遣法ができる直前の頃でしたが、秘書の仕事が合っていたのか、当時の社長や会長には気に入られていたようです。

1991(平成3)年に日総工産に入社し、今度は子育てをしながら私の秘書をしばらく務めました。その後、日総ニフティに移り、2007(平成19)年に日総ブレインの社長に就任して、現在は経営者の立場で労働者派遣事業に携わっています。

次女の智湖はアメリカに長く滞在していましたが、2012(平成24)年に帰国し、横浜駅近くに英会話教室を立ち上げました。得意の語学力を生かして英語教育に携わっています。

障がい者雇用で見学者が絶えない日総ぴゅあ

２００７（平成19）年４月、日総工産の特例子会社として障がい者の雇用を推進する日総ぴゅあ株式会社が誕生しました。

障がい者雇用が実際に進められるようになったのは第２次世界大戦後です。１９６０（昭和35）年に「身体障害者雇用促進法」が制定されて国の雇用政策が動き出し、１９８７（昭和62）年の改正（「障害者の雇用の促進等に関する法律」と名称変更）、および１９９７（平成９）年の改正により、知的障がい者を含めた障がい者の雇用が義務化されることとなりました。

その後も雇用促進法は改正を重ね、障がい者の法定雇用率は現在、２・２％まで引き上げられています。45・５人以上の従業員を雇用している企業は、１人以上の障がい者を雇用しなければならなくなりました（２０１９年11月現在）。

こうした動きを受け、人材事業を営む当社としても障がいのある方々の雇用を積極的に進めるべきとの方針を打ち出し、これを実践する組織として同社を設立したのです。

日総ぴゅあは、障がい者の方々と共に成長することを目指し「共成」「Ｓｈａｋｅ Ｔｏｇｅｔｈｅｒ」を企業テーマに掲げ、障がい者一人ひとりの個性や能力、潜在的な可能性を見極めて、最適な仕事の提供、職域の開拓に努めてきました。

同社では、障がい者社員をチャレンジドスタッフ（ＣＳ）、障がい者社員を指導・支援するスタッフをサーバントスタッフ（ＳＳ）と呼んでいます。現在、ＣＳが１６０～１７０人、ＳＳが20～30人の体制で運営しています。

育成面では、ジョブコーチ（企業在籍型職場適応援助者）の資格を持つＳＳが中心となって、リーダー制度、マイスター制度、賞揚制度などの社内制度を活用し、ＣＳ一人ひとりの資質に合わせた能力開発、モチベーションアップに日々努めています。

ＣＳが携わっている仕事は、ものづくり・事務系の軽作業などの業務請負、清掃、お菓子・飲物などの販売、マッサージ受付・運営業務などが中心です。

日総工産の新横浜本社ビルにも知的障がいの方を中心に常時80人ほどが勤務し、軽作業や館内の掃除などを行っていますが、皆生き生きと意欲的に仕事に取り組んでくれています。私もときどき彼らに話しかけるのですが、はきはきと淀みなく答えが返ってきます。


「おはようございます！」

「おはよう。きみはどこから通っているの？」

「ＪＲ横浜線の長津田からです」

「通勤にはどのくらいかかるの？」

「１時間くらいですね」

「雨が降ったりすると、通勤は大変だね」

「もう慣れているので、それほどでもありません」


育成プログラムの成果なのか、コミュニケーション能力が鍛えられているなあと感心してしまいます。

おかげさまで障がい者雇用を行っている特例子会社としては対外的にも評価が高く、見学者が絶えない状況が続いています。多くの障がい者を雇用し、適切な教育を施し、就労後の定着率も高いということで、行政関係の推薦により来社されるケースが多いようです。見学に来られるのは、障がいのある方のご両親や養護学校、障がい者支援機関の関係者、さらには企業の人事・総務部門、といった方々です。

ダイバーシティが叫ばれる中、企業・団体の障がい者雇用がなかなか目標に到達しない現状があります。単純に国の定めた基準をクリアさえすればいいというネガティブな対応ではなく、日総グループとしてこの課題に正面から向き合い、新しい時代の障がい者雇用のあり方を世の中に提示し、障がい者雇用に向き合うことの価値を広く発信していけるよう、これからも前向きに取り組んでいきたいと考えています。

リーマンショックで窮地に。味覚障害を患う

1990年代初頭のバブル崩壊は、日本経済に大きな打撃を与えましたが、私たち請負業界にとっては、影響はあったものの、不動産業界や金融業界に比べれば深刻な

レベルではありませんでした。

しかし、２００８（平成20）年９月の大手投資会社リーマン・ブラザーズの経営破綻に端を発するリーマンショックは、まったく次元の異なるダメージをもたらしました。バブル崩壊が日本1国の問題だったのに対し、リーマンショックは世界規模の経済事件で、製造業を含むあらゆる産業が影響を被ったのです。

製造系の請負会社は、リーマンショック直前には数千社、労働者の総数は１００万人規模といわれるまで成長を遂げていました。第３章でも触れましたが、日総工産も約２万５０００人の従業員を雇用していました。

ところが、年が明けた２００９（平成21）年の２月頃から、需要の急落で各メーカーとも減産体制をとるようになってきました。この動きは瞬く間に広がり、この年の終わりには作業所の人員は８０００人にまで減少していました。

余剰となったスタッフの雇用形態はさまざまでしたが、辞めていただくにあたっては給与の３カ月分程度を保証するなど、さまざまな条件を提示しました。一方、地方では相当数の寮を借り上げていたのですが、これを原状復帰して返す際に、敷金だけの充当では足らずプラスアルファの経費が掛かりました。全国に多数の寮を抱えていたので、トータルすると莫大な金額になったのです。

その結果、リーマンショック前まではほぼ無借金だったのが、多額の借金を抱えることとなりました。その後も売上は減少し、返済の原資もどんどん減っていき、ついに銀行の管理下に置かれることとなりました。

そんな状態でしたから、私としてはもう会社は持たないと思っていました。銀行側はこちらを支援せざるを得ない状況でしたが、同じように判断していたのではないかと思います。

何とかしなければ、と思いながらもいい手立てが思い浮かばず、夜は2〜3時間しか眠れません。こんな状況が1年ほど続き、過度のストレスから味覚障害になってしまいました。

味覚障害になると、文字どおり何を食べても飲んでも味がわからなくなります。すべてを忘れたく悪い酒の飲み方もしてみたのですが、ビールを飲んでも、日本酒を飲んでも、焼酎を飲んでも区別がつかないのです。こんな症状に見舞われるとは思ってもいませんでした。そこで、お茶の水にある専門病院に通院することになりましたが、半年ほど通ううちにようやく症状は消えていきました。

最初の上場準備がご破算になったことも、精神的にダメージとなっていたのでしょう。実は、この年――２００９（平成21）年２月に株式公開を予定していて、準備を進めていました。それがリーマンショックで白紙になってしまった。綿密な計画を立てて進めてきただけに、落胆も大きかったのです。

しかし、少しタイミングがずれて、例えば半年前に上場を果たしていたとしたらどうでしょう。かえってリーマンショック後の再起は叶わなかったかもしれません。まだ運があったということだと今では思っています。

オイルショックのときは、再建に向けて孤軍奮闘せざるを得ませんでしたが、リーマンショックでは、残った従業員たちが精いっぱい頑張ってくれたおかげで、２年ほど経過する頃には何とか復活の兆しが見えてきました。

減産を強いられてきたメーカー側も、とにかくものをつくっていかなければ苦境から脱することができない、ということで、徐々に生産ラインを再開させる方向に向かいつつありました。

まだまだ借金は残っていましたが、銀行には「残った従業員で力を合わせて、必ず返済します。ですから、もうしばらく猶予をいただけますか」と伝え、何とか難局を乗り切ろうと必死にもがいていました。

ところが、２０１１（平成23）年３月11日に起こった東日本大震災で、私たちは再び窮地に立たされることになったのです。

被災地には得意先も多く、せっかく上向いていた受注も再び減少に転じました。「またリーマンショック直後の苦しかった時期に逆戻りか」――そう思うと、張りつめていた緊張の糸がぷつんと切れてしまったように感じ、頑張ろうという気力も萎えていきました。

浮上した日総のウィークポイント

当社がなかなか苦境から脱せずにいる中、請負業界全体としては徐々に復調の兆しが表れるようになっていました。ただし、立ち直りが早かったのは、中小規模のメーカーを中心に取引している会社でした。

製造業では中小の企業がいち早く復活を遂げ、大手メーカーほど回復に後れを取っていました。当社も主要顧客が大手メーカーだったことで復調の波に乗れず、さらに大手企業と取引している請負会社の中でも目立って回復が遅れていました。

先ほど述べたとおり当社は銀行の管理下にあったため、4カ月に1回、主要取引銀行が集まってバンクミーティングを行っていましたが、そこで中心議題になったのも、なぜリーマンショック前まで業界トップクラスの売上を誇っていた日総工産が、他社に比べて回復に立ち遅れているのか、ということでした。

何か問題があるのではないか、ということで取引銀行系列のコンサルティング会社が詳しく調査することになりました。7人ものコンサルタントが当社の担当となり、作業所にも出向いて調査を行いました。

1年弱ほどで調査が終了し、担当のコンサルタント7人から報告を受けることになりました。

「当社のどんなところに問題があるか、調査でわかりましたでしょうか?」

「御社の従業員の皆さんは、真面目で経験豊かな方が多いですね。各人の能力や意欲には問題はないと思います。

しかし、従業員同士が協力し合って事に当たるという風土がない。各人がバラバラなんです。特に幹部クラスの社員ほどその傾向が強いようです。そこが御社の最大の問題点です」

バラバラで組織としてのまとまりがない、というのは、私自身がかねてからウィークポイントだと感じていた点です。痛いところを突かれたな、と思いました。

かつて日総工産は、アットホームでまとまりのいい会社だったはずです。そして、ここぞという場面では力を結集して、成果を出せる組織でもありました。

互いに切磋琢磨し信頼し合える社風を復活させるにはどうしたらいいか――。そのためには、まずは幹部クラスから変えていく必要があると考えました。

そこで、幹部を集めて経営委員会をつくることにしました。どうしたら以前のような日総工産を取り戻せるか、会合の場でとことん議論してもらうのです。メンバーは各部門の長で、人数的にも10人ほどですので、ここで定期的にコミュニケーションを図ることで、お互いの信頼感を取り戻せるはずだと思いました。

この作戦はみごとに成功しました。議論を重ねるうちにだんだんとメンバー間の距離が縮まって、親近感や信頼感といった仲間同士の絆が再び芽生えてきたのです。するると、この中から次の時代の日総工産を担うリーダーを選ぼう、という空気が自然と沸き起こってきました。

そこでリーダー候補として浮上してきたのが、のちに社長に就任する矢花卓夫でした。

リーマンショックの〝正〟の遺産

1998（平成10）年に日総工産に入社した矢花卓夫は、もともとは山一證券の辣腕営業マンでした。

山一證券はかつて上場予定企業を対象に勉強会を催していましたが、当社もこの勉強会に参加したことで、山一の方々と親しくお付き合いすることとなりました。

その後、1997（平成9）年11月に山一證券が経営破綻し、かつての勉強会の幹事で法人部長を務められていた方を日総に迎えることになりましたが、その際に法人部長の推薦で矢花も入社する運びとなったのです。

矢花は山一時代に名古屋で営業課長などを務め、営業マンとしての実力を培っていました。当社に入社後もその力を遺憾なく発揮し、みるみる頭角を現していきました。マネジメント能力も高く、部下に厳しく接する半面、細やかな気遣いも見せる。そして口頭で指示するだけでなく、自ら率先してよく動く。その後、東北エリアの責任者を務めましたが、報告すべきことは本社にきちんと報告し、周りの評判も上々でした。

ですから、私から見てもリーダーとしての資質は十分に備わっていると感じていました。実際、日総の業績拡大への貢献度も高く、その後は事業本部長として会社の屋台骨を支える存在となりました。

さて、こうした幹部社員の意識改革も功を奏して、業績も徐々に回復していきました。2010年代に入ると当初100億円規模だった負債も40～50億円程度まで減り、その時点で銀行側はもう危機は脱したと判断したようです。バンクミーティングは終了となり、銀行による管理下からも脱することができました。ようやくリーマンショックの呪縛から解き放たれることとなったのです。

リーマンショックは私たち派遣・請負業界にも深い爪痕を残し、多くの会社を廃業へと追い込みましたが、半面、業界の健全化・浄化に一定の役割を果たしたのも事実です。

リーマンショックを境に製造業の請負・派遣のあり方が変わり、教育・育成の大切さが認識されるようになったことはすでに第4章で触れましたが、日総工産1社としてみても、メーカー側の意識が変わってきたことで、人材教育や管理に一定のコストをかけられるレベルまで利益率も向上してきました。

この大きな転換には、日本の労働市場で働き手が慢性的に不足するようになったことに加え、派遣労働者の無期雇用転換ルールや同一労働同一賃金、そして働き方改革など、労働行政側が雇用環境の改善に本腰を入れはじめたことも大きく作用しているものと思われます。

いずれにしろ、派遣・請負業界には人材育成が不可欠だと考えてきた日総工産にとっては、ずっと待ち望んできた時代が到来したといえそうです。

業界に先駆けて人材育成・教育に取り組む

「人を育て　人を活かす」――これが日総工産の創業理念です。この理念のとおり当社では創業以来、人材育成に力を注いできました。

早くから行っていたのは、得意先メーカーのOBを招いての人材教育です。大手の自動車メーカー、電気電子部品メーカーなど、名だたる企業で活躍されていた製造部門のベテランOBの方々に、実際の作業所で教育に携わっていただきました。

その後は、教育カリキュラムの充実に努め、間接系従業員、生産・技能系従業員それぞれに向けて、経験やスキルの度合いに応じたさまざまな育成プログラムを用意し、独自のカリキュラムに基づいた研修を適宜行ってきました。

それらをベースに現在は、新入社員や新たに登用する中途採用向けの「導入時教育」（社会人基礎、ビジネスマナー、コミュニケーション、安全衛生、ものづくりの基本、各種コンプライアンス等）、また段階的に社員を成長させる一般社員向けの階層教育として「キャリアアップ教育」（自己分析、モチベーションマネジメント、各職位に必要な各種マネジメントスキル等）、管理職向けの「マネージャー教育」（管理原則、方針管理、財務、コンセプチュアルスキル等）などを行っています。また、全社員向けの共通カリキュラムとして、理念やビジョンを浸透させるための企業倫理教育にも力を入れています。

創業理念「人を育て 人を活かす」
友人の外国人書道家による揮毫

一方、職務のスキルを高める職種別教育としては、「ものづくり教育」（ベーシック↓アドバンス↓エキスパート）、「業務管理者教育」（基礎↓実践↓応用↓上級）、「職長教育」（労働安全衛生法第60条）、「製造設備技術」、「機械設計技術」等、50を超えるカリキュラムによる教育が実施されています。

なお、ＩＳＯ（国際標準化機構）についてですが、ＩＳＯ１４０００シリーズ、ＩＳＯ９０００シリーズとも業務プロセスに関わる規格で、前者は環境管理に関するもの、後者は品質管理に関する規格です。いずれも、製造業を顧客に持つこの業界では知らないではすまされない必須項目ですので、従来から教育・研修の重要な柱の一つと位置づけられてきました。

さらに日総工産では、さらなるサービスの向上を目指して規格そのものの認証計画を実施し、２００５（平成17）年にＩＳＯ１４００１、２０１１（平成23）年にＩＳＯ９００１の認証をそれぞれ取得しました。いずれも各シリーズで最も基本となる規格です（ＩＳＯ１４００１↓本社管理業務、ＩＳＯ９００１↓金沢エリアの一部の請負工程部門）。

また、従業員の資格・検定等の取得についても、早くからバックアップしてきました。取得を奨励してきた資格としては、労務管理分野では第一種衛生管理者、生産管理分野ではQC検定、自主保全士、技術分野では機械保全技能士、半導体製品製造技能士、また生産現場で必要とされるはい作業主任者、玉掛け、フォークリフト運転、各種クレーン運転などにも力を入れています。

一部の資格については、会社が受験料を負担するなどのサポートも行っています。

現在の日総社員の主な資格取得状況ですが、直近の数字を紹介しますと、衛生管理者：362人、QC検定：370人、自主保全士：178人となっています。

現場の作業を疑似体験できる研修は可能か

以上のように、さまざまに工夫して業務に必要な教育・研修に取り組んできましたが、生産・技術スタッフが配属されるのは請負先の工場のラインです。座学だけでなく実際の工場に近い環境での実務訓練が不可欠で、いかにこれを実現するかが長年にわたる当社の課題でした。

当初は、やむを得ず得意先メーカーにお願いして、空いている設備等を使わせてもらって実機訓練を行っていたこともありました。もちろんお借りする費用をお支払いしてです。

実際の生産ラインを使っての研修でしたからメリットは大きかったのですが、先方の生産計画の変更などで急遽利用ができなくなることも多く、継続性・安定性という点からは問題がありました。

そこで、先ほど触れたように、新横浜本社に研修施設としてテクノセンターを設けたのですが、実際には本社機能優先でスペースの確保が難しく、実務訓練を伴う本格的な研修施設の整備は課題として残ることになりました。

それでも本社ビル内に設けた研修施設としては大きな役

本社テクノセンターでの業務管理社員研修

割を果たし、入社1年以内研修、班長・職長・業務管理社員教育、主任・係長クラス研修をはじめとする役職別教育や、CAD技能講習会、衛生管理者受講講習会、福祉・介護資格受講講習会、保険事務講習会など、多種多様な研修を行う場として、日総の社員教育、人材育成に少なからぬ貢献をしてきました。

その後、2002（平成14）年に社内教育体制整備の一環として、「品質大学」と銘打った、基本知識を学ぶための社内教育システムの構築に取り組むこととなりました。品質管理を中心とした「ものづくり」の基本知識を体系的に学び、製造系人材サービスの基本を体得してもらおうとの意図からでした。

その中で2003（平成15）年、愛知県豊田市足助町に「足助研修道場」を開設しました。この施設は廃校になった小学校を利用し、宿泊型の研修施設として再利用を図ったものです（その後、建物の耐震性問題で閉校し、別施設へ設備移転）。「品質大

足助研修道場のニュートラルルーム。握力増強の訓練や実物の自動車用ドアによる構造の勉強ができる

学」での学びからさらなるレベルアップを図り、技能面のスキルの向上とともに、集団生活によるチームワークも学んでいくことを目標としました。

そして、2005(平成17)年に、念願の実機研修ができる研修施設「東北テクニカルセンター」が宮城県富谷市に開設の運びとなりました。

ここは、半導体装置エンジニア、3次元CAD設計エンジニアの育成を目的とする施設で、座学で半導体プロセスや機械設計の知識を基礎から修得するだけでなく、実際の作業所で使用する装置やソフトウエアを用いた実機研修を行うことができます。

作業所のラインに配置される前に実践的な技術を学べる、まさに画期的な研修施設として業界でも注目を集めました。宮城県からも高い評価をいただき、認定職業訓練校に指定されました。

とはいえ、現在から見ると、設置した半導体関連の実機などは古いものが中心で、

東北テクニカルセンターでの研修風景

作業所で実際に使用する機器類と比べると、その差は歴然としていました。現場での作業環境にどう近づけるか、という課題はまだ完全にクリアされたとは言えない段階でした。

自動車の組立・塗装を模擬体験できる「日総テクニカルセンター東日本」

こうして本格的な研修施設の整備に向け着々と歩を進めてきたのですが、本章の前半に述べたとおり、リーマンショックと東日本大震災という大きな試練が行く手に立ちふさがって、一時期は研修施設の稼働を見合わせることとなりました。

業績回復の目途が立ち、施設の充実に再び注力できるようになったのは、２０１０年代に入ってからでした。

２０１５（平成27）年から２０１６（平成28）年にかけて、複数の研修施設がオープンしました。群馬県太田市に自動車メーカー向け研修用の「太田トレーニングセンター」を開所しました。「トレーニングセンター」とは〝特定型〟の研修施設で、特定の顧客の高度なニーズに対応できる研修内容を特徴としています。２０１７（平成29）年7月にも同様の自動車メーカー向け施設として、愛知県豊田市に「豊田トレーニングセンター」を開設しました。

これらのトレーニングセンターに対し、あらゆる顧客のニーズにマルチに対応できる〝汎用型〟の研修所が「テクニカルセンター」と呼ばれる施設です。東北テクニカルセンターで培ったノウハウをベースに、さらにハイレベルの研修が可能な次世代の施設の実現に向け力を注いでいきました。

そして、２０１６（平成28）年4月、満を持して宮城県栗原市に開所したのが、「日総テクニカルセンター東日本」です。

こちらも先ほど触れた足助研修道場と同様、廃校になった小学校をリノベーション

日総テクニカルセンター東日本

した施設で、東北テクニカルセンターに続き、宮城県の認定職業訓練校に指定されています。

研修内容は自動車メーカーおよび電子デバイスメーカーからの請負業務に対応していますが、周辺に大型の自動車製造工場が2つあることから、当初は自動車関連の研修設備を充実させ、現在では半導体装置の導入も完了しています。東北エリアの作業所への勤務が決まると、必ず配属前にここで研修を受けることになり、年間500〜600人の研修生が利用しています。

ここでは自動車製造工場で行われる作業を実際に体験でき、さまざまな実践訓練を行うことが可能です。主なコンテンツは、製造現場で重要なQCDSM（品質、コスト、納期、安全、士気）や品質を左右する4M（人、機械、材料、方法）について学ぶ「ものづくり基礎」のほか、紐か

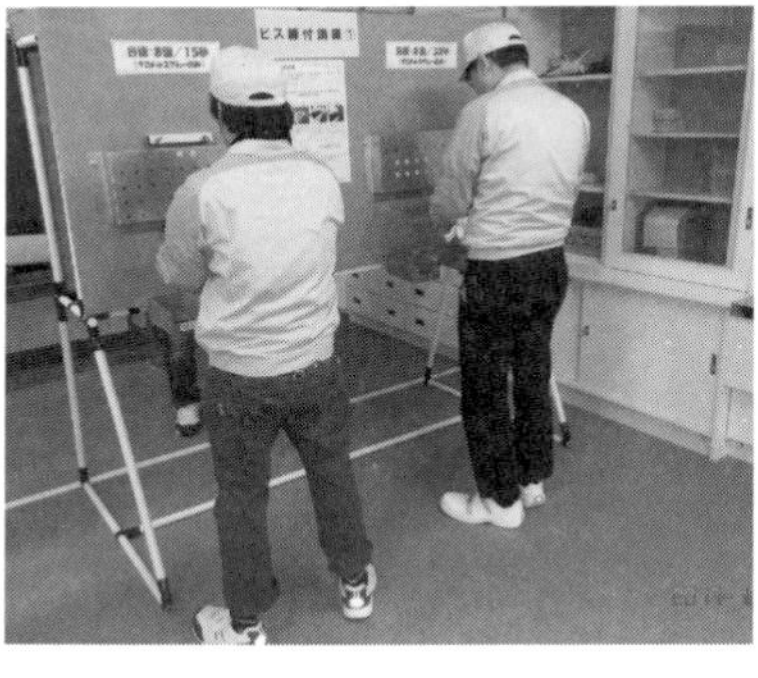

ビス締付訓練に挑戦

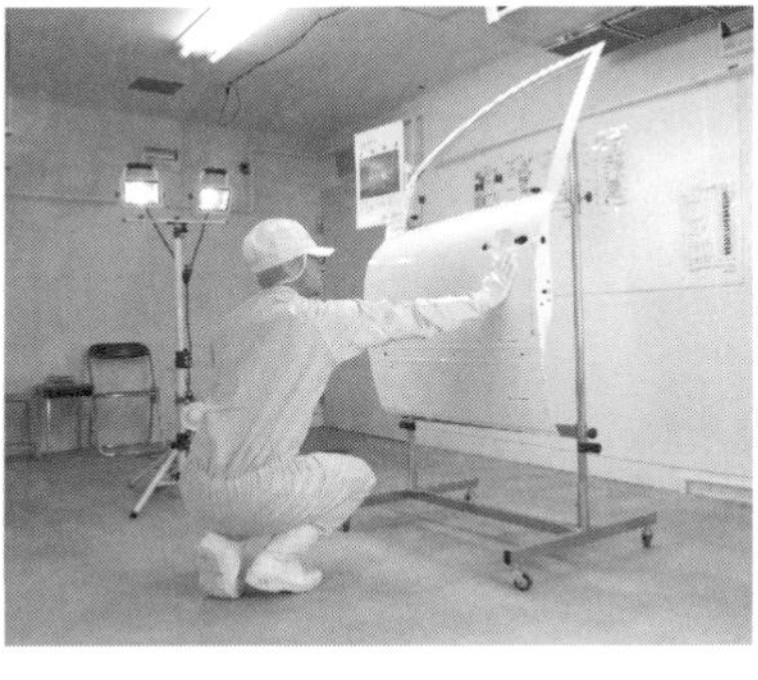

実物を使って塗装の訓練が可能

け・ボルト締付・ネジ打ちなどの模擬組立作業を行う「組立技能訓練」、塗装・シーラー（下塗り）・塗面検査を模擬体験する「塗装技能訓練」、作業所における設備保全の基礎や考え方を学ぶ「自主保全」などを中心に構成されています。

そして特筆したいのは、工場での作業中に遭遇しやすい危険を身をもって体験できる「危険体感室」を設けたことです。

例えば、着用厳禁の軍手をして作業したためにローラーに手が巻き込まれ大けがをしてしまったり、安全靴を履かずに作業して足を損傷したり、といった作業現場で起こり得るさまざまな事故を疑似的に体験することができます。

労働災害を未然に防ぐことを目的とした「危険体感室」は、作業者の意識改革にはうってつけの設備であると自負

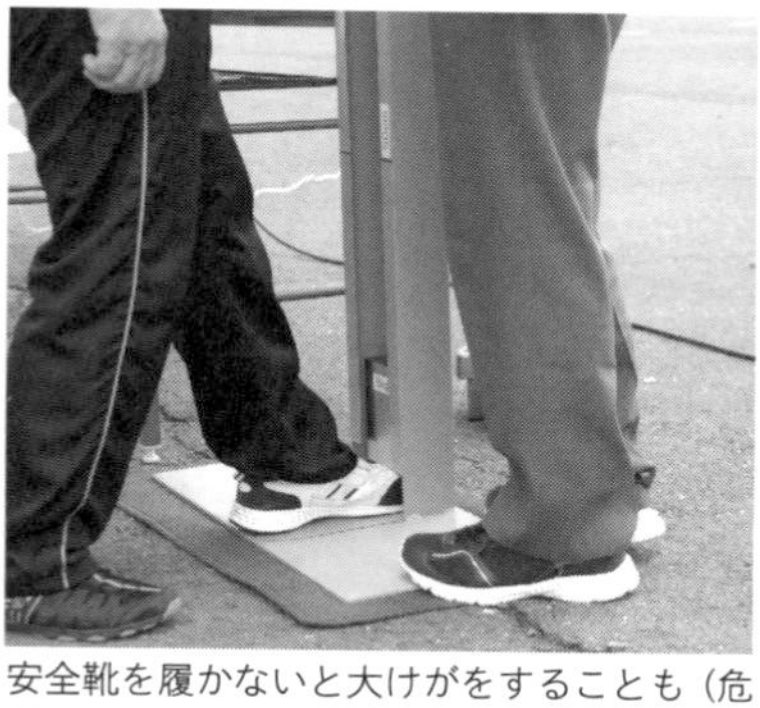
安全靴を履かないと大けがをすることも（危険体感室）

軍手着用による事故の危険性を知る（危険体感室）

しており、現在はすべての研修施設へ導入しています。さらに、アクセスが不便な地域でも利用できるよう「移動教育車」も用意し、すでに運用を開始しています。

同センターを訪れる研修生の前職はさまざまで、年齢層も最近では20代から40代、50代までと幅広くなっています。初めて研修に来る人の大半は工場勤務の経験がなく、例えば昨日まで回転寿司チェーン店で寿司を握っていた、といった方もいますので、そうした人たちにいかに効率よく現場での作業に必要な知識や技能を身につけてもらうか、施設のスタッフたちは日々苦心して研修に取り組んでいます。

おかげさまで同センターは好評で、取引先メーカーからの見学も相次いでいます。見学後に設備やカリキュラムについてのアドバイスや、メーカー側の研修内容を補完するためのご要望をいただくこともあり、それが取引先との協業をさらに発展させることにもつながり、また信頼関係を深めるという点でも一役買ってくれているようです。

近くに施設がなくても移動教育車で研修が可能

最新の半導体装置を備えた「日総テクニカルセンター中日本」

一方、２０１８（平成30）年５月に長野県岡谷市に開所した「日総テクニカルセンター中日本」は、半導体、精密機器分野で生産技術（設備保全・改善等）に携わる人材の育成をメインとした研修施設です。

もともとは当社の営業所だった建物を改装し、約６５００万円を投じて施設整備を行いました。敷地面積は約４００８平方メートル、建物は２階建てで総床面積は約９０８平方メートルです。長野県の職業認定訓練校に認定されています。

同センターの特徴は、何といっても最新の本格的な半導体装置を導入している点です。取引先の工場と同じ環境で必要な技術を学ぶことができます。当然、高額な投資が必

日総テクニカルセンター中日本

要となりますが、これからの人材サービスには、顧客が求めるコンテンツに沿ってインフラを整え、「配属先の環境にマッチングする人材を育成した上で配属する仕組み」が求められるとの判断から、実機設置に踏み切りました。

所内は、保全実習室（クリーンルーム、エッチング装置）、3次元設計ルーム（ハイエンド3次元CADソフト）、危険体感室、座学用研修ルーム等で構成されています。

製造設備保全に関しては、原理原則を学ぶ当社独自の短期集中型カリキュラムを開発しました。最新設備で訓練することにより、未経験者でも1カ月間の研修で作業所に配置できるようになりました。

3次元設計ルームは、製造業を中心に設計から生産までトータルにコントロールする〝生産技術者〟へのニーズが近年、急速に高まっていることに対応したものです。その

3次元設計ルームで実習中の研修生たち

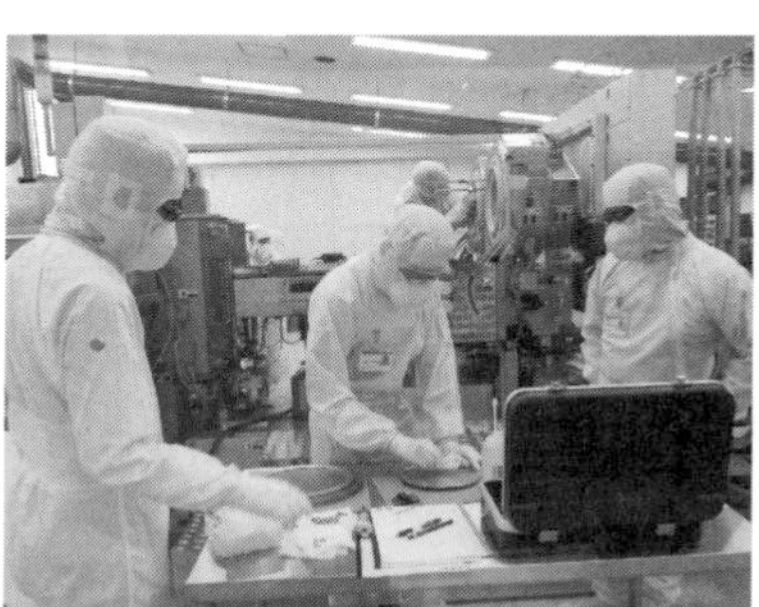

半導体保全実習室での研修風景

ため、高額なソフトウエアであるＣＡＴＩＡも複数本導入しています。

また、同センターでは、労働安全衛生法に基づく「産業用ロボット」や「低圧電気取扱い」「職長教育」等の特別教育にも注力しています。

このように以前に比べて高度化しつつある人材ニーズに対応するため、日総工産では「技能社員」という雇用形態を新たに設けました。

技能社員とは、取引先の固有の技能、技術を専門的に習得した無期雇用の〝地域限定〟正社員で、常時スタッフから登用する一方、新規での採用も進めています。２０１９（令和元）年９月現在の技能社員数は約４８００人です。

研修施設でも技能社員の育成員数が多くなっています。技能社員は今後さらにニーズの高まりが予想されるため、２０２２（令和４）年３月までに８０００人規模の雇用を目指しています。

一方、人材の多様化を反映して、外国人の採用・育成も

目指すは“CATIA”の専門家

徐々に増えはじめています。技能実習生を巡る問題がメディアなどで取り上げられていますが、日総工産では現在、生産技術、設計技術の専門家という位置づけで、優秀な人材を中心に社員として雇用を進めています。

テクニカルセンター、トレーニングセンターなどの研修施設は現在、全国に9カ所あります。どの施設でも同じ教育を受けられるよう、カリキュラムや設備の標準化を進めています。

講師陣はトータルで70~80人ほどで、以前はメーカーのOBなど外部から招いた講師が中心でしたが、現在では1割程度に減り、社内で育ち専門教育を受けた指導員が中心となっています。それでも数としては不足しており、100人体制で運営できるよう今後はさらに増やしていく予定です。

東北テクニカルセンター

念願の株式公開を果たす

2015（平成27）年5月、日総工産は経団連に加入しました。加入により当社への認知が広がり、社業への理解もより深まるものと期待できました、また、当社の取引先や営業アプローチ先の多くは経団連に加入していますので、営業面でもプラスになると考えました。

また、CSR（企業の社会的責任）重視を打ち出している当社の経営姿勢を内外に示す意味でも、会員になることの意義は大きいと判断した次第です。

一方、株式公開も、まだまだ世間の誤解を招きやすい人材事業を営んでいる会社としては、ぜひとも実現したいと思っていました。上場することで新聞などメディアを通して当社に関するさまざまな情報が公開され、会社の信用度も格段に向上することになりますから、取引先の拡大につながるだけでなく、従業員のモチベーションアップにも大きく貢献するはずだと考えたのです。

逆に、公開による資金調達はある意味二の次と思っていましたし、経営者である私個人の資産形成などには当初からあまり関心はありませんでした。

最初に上場を予定していたのがリーマンショック直後の２００９（平成21）年２月であったことは本章の前半でも触れましたが、そこで出鼻を挫かれたという思いは強く、是が非でも上場を果たしたいという気持ちはさらに強くなりました。

そして、全社を挙げての頑張りで業績の回復を果たし、銀行による管理体制が２０１４（平成26）年９月30日に解かれると、翌10月１日に株式公開を目指すことを社内で宣言したのです。

公開にあたって力を尽くしてくれたのは、後に社長となる山一證券出身の矢花卓夫でした。当社の営業部門で最前線に立ち、長く幹部を務めてきたＩＰＯ推進室長・若林昌明（現・ＩＲ部長）とともに、矢花は証券マン時代に培ったスキルを発揮して、幹事会社のみずほ証券とともに公開

授与された上場証書を手に
（2018年3月、上場セレモニーで）

の準備に携わりました。

実際に公開に向けたプロジェクトが動き出したのは2015（平成27）年10月でしたが、その際に約束してくれた「2年半で公開にこぎつける」の言葉どおり2018（平成30）年3月16日、東京証券取引所市場第一部に上場を果たすことができました。

初めての株式公開でしたので、東証二部からのスタートになると思っていたのですが、いきなり第一部での上場となりました。東証側にそれだけ評価してもらえたということで、喜びに堪えませんでした。

ところで、東証側との最終面談の際、先方の幹部のお一人が「日総さん、実はですね……」と見せてくれたのが、NISSOのロゴの入ったプロサッカーチーム「横浜FC」のユニフォームでした。その方はサッカーがお好きで、しかも横浜FCファンとのことでした。

当社は地元のスポーツ振興の一環として2007（平成19）年と2008（平成20）年の2年間、横浜FCとの間でスポンサー契約（オフィシャルクラブトップパートナー契約）を結んでいました。ユニフォームへの会社マークの掲示、各種広告への社名掲示、社内イベントへの選手来訪などを通じ、私たちとしては得がたい〝応援団体験〟をさせていただきました。

特にJ1に昇格した2007（平成19）年には、当社が横浜FCを支援していることを多くの方に知っていただくまたとない機会となりました。サポーターのお一人である東証の幹部の方のご記憶にも残っていたわけですから、私たちの応援が報われたようで大変嬉しく思いました。

日本人初のプロサッカー選手で、当時から経営幹部として横浜FCを支えてこられた奥寺康彦さんとは、ともに会社経営を任される立場から意気投合し、今も親しくお付き合いをさせていただいています。

地元スポーツチームの支援を通じ、社会貢献、地域貢献の大切さをあらためて実感することとなりました。上場後、当社はプロ野球チームの横浜DeNAベイスターズと新たにスポンサー契約を締結しました。

奥寺康彦さんと

〝新体制〟の日総工産がスタートを切る

おかげさまで上場から現在まで、日総工産の業績は順調に推移しています。人件費はリーマンショック前に比べて大幅に増えてきており、またここ数年は研修施設等の拡充にコストがかかっていますが、派遣・請負業務の利益率が向上していることで吸収することができています。

とにかく、リーマンショック後の危機から何とか脱却し、再び成長軌道に乗ることができて、ほっと胸を撫でおろしているところです。と同時に、そろそろ第一線を退いて次の世代にバトンタッチし、自分は後方支援に回ろうか、という思いも頭をもたげてくるようになりました。

次の経営体制をどのように築いたらいいか――。自分が会長に就任してからは、長男の竜一が10年以上にわたって社長を務め、経営の安定化に貢献してきましたし、上場後は矢花が副社長に昇格し、現場の指揮官として会社の屋台骨を支える役割を担っています。

このままの体制でいくか、あるいは将来を見据えて体制を一新するか――。ここは私が上から頭ごなしに決めるより、彼ら自身に考えさせて、より良い選択をするよう促してみよう――そう考えて、2人によく話し合うよう指示をしました。

その結果、両者が代表権を持つ形で、竜一が新たに会長に就任し、矢花卓夫が社長に昇格する、という選択をしたとの返答がありました。

私自身も、それが最良の布陣であると判断しました。

竜一はどちらかというと社内で采配を振るよりは、発信力や外部機関との調整能力を生かし、対外的な役割に徹して経営をサポートするスタンスが本人の資質に合っていると日頃から感じていましたので、会長職というポジションがふさわしいと思われます。

一方、矢花はすでに現場を統括する立場にいましたし、先ほど触れたようにリーダーとしての資質にも恵まれていますので、直接経営のかじ取りをする社長として、日総の次の時代を切り拓いてもらいたいと考えました。

私自身は一線から退くという意味からも代表権は返上し、名誉会長として側面から経営陣を支えていこうと決めた次第です。

こうして２０１９（平成31）年４月、経営陣を刷新した新体制での日総工産がスタートしました。創業から半世紀が経過し、ようやく肩の荷が下りたように感じています。

人材サービス業界はこの数十年、毀誉褒貶の激しい波に晒《さら》されつづけてきましたが、製造請負をメインとする当社のような事業者の果たす役割は今後ますます広がり、産業界における存在意義も高まっていくものと確信しています。

少子高齢化がさらに進み、労働市場が一層シュリンクしていくこれからの時代、日総工産が〝人〟に関わる事業分野でどんな新しい可能性を開拓していくのか、今後は一歩下がった位置から見据えていきたいと考えています。

［エピローグ］

「ものづくり立国・日本」の再興へ

AI、ロボットの進化で派遣・請負は淘汰されるか

近年、AIやロボットの進歩には目覚ましいものがあり、メーカーの製造現場でも活用が進んでいます。技術革新のスピードはさらに上がってきているようで、工場の自動化・無人化は今後ますます加速することでしょう。

このことを受けて、将来的には工場のラインに人は不要になるのではないか、その結果、製造請負・派遣というビジネスは成立しなくなるのではないか、といった見方も広がってきています。

しかし、私は請負・派遣スタッフが活躍する余地はまだまだあると考えています。工場での省人化の流れは進んでいくでしょうが、人の手を介して対応しなければならないプロセスは必ず残ると思うからです。

今までになかった機能を備えた製品、カテゴリー自体が新しい製品などが今後も次々と登場していく中で、製造工程も新たに設けられることとなり、そこに人的な対

応が必要なプロセスも生まれてくるはずです。新しい工程には予期せぬトラブルなどが発生することも想定され、メンテナンス要員も不可欠となります。

現在の人手不足の状況を踏まえれば、メーカー側の直接雇用だけでは生産計画に追いつかない状況も考えられますし、私たちがお役に立てる場面はむしろ増えてくるのではないかと考えています。

一方で、ＡＩやロボットを駆使しても対応しきれない、日本のものづくりを従来から支えてきた高度なスキル、技能は、今後も（少なくとも当分の間は）必要とされつづけるのではないでしょうか。

こうした状況を踏まえると、メーカー各社はより高度な人材を求めるようになるはずです。このことから、当社では先を見据えながら、残すべき技能、新たに獲得していくべきスキルを見極め、それらを現場のスタッフに身につけてもらうべく、従来にも増して教育に力を注いでいます。

これからの人材サービス業は、働きたい人と仕事とを単にマッチングさせるだけにとどまらず、手間やコストもかけて〝余人をもって代えがたい〟人材を育成するという方向へとシフトしていかなければ、生き残ることは難しくなるでしょう。

こうした〝能動型〟の人材事業へと舵を切ることで、メーカーのブランド力維持・向上にも寄与する「〝高付加価値〟ものづくり集団」と認めてもらえる道も開けるのではないかと期待しています。

ベテラン人材を労働市場で再活用する試み

戦前から産業の近代化を支え、戦後の復興、経済発展を牽引してきたのが、日本が長年にわたり培ってきた「ものづくり」の力です。

ところが、国内の製造現場は近年、生産拠点の海外移転による空洞化や、リーマンショック以降の生産部門の縮小といった逆風に晒されつづけています。これに対しては、「ものづくり」力の低下を懸念する声が聞かれる一方、それでも日本ならではの技能・スキルは国際競争力を維持できると楽観視する意見もあります。

半世紀にわたって製造現場とともに歩んできた私から見れば、リーマンショックを境に請負事業者との関係を強化する動きが加速しているのは明らかですから、現在は心配がなくても長期的には現場の技術水準の維持や技能の伝承に影響が出てくるのは間違いないと思います。

では、このまま日本の「ものづくり」は活力を失っていくのか——。

いや、ご心配には及びません。この流れにストップをかけ、製造現場の技術水準を維持する役割こそ、私たち請負・派遣事業者が担うべき責務であり、将来に向けその役割を十分に果たすことができると私は考えているのです。

私はかなり以前から、メーカー側には製品開発、設備・技術開発に集中して取り組んでもらい、生産工程の大部分は請負事業者である当社で引き受けますと申し上げてきました。これは従来、メーカー社員のみが有していた高度な技能、スキルを当社のスタッフもしっかりと身につけ、「ものづくり」のレベルを下げることなく引き継いでいくという決意表明でもありました。

もちろんメーカーが生産に関わる業務をすべて外部に委ねるというのは到底無理で

あると思われてきましたし、私自身もこの構想がすぐに実現することはないだろうと考えていましたが、リーマンショック以降、この考え方はいよいよ現実味を増してきたように感じています。

ただ、大手企業では新卒の大量採用を続けてきた結果として、生産現場でも高年齢層の社員を多く抱えています。現場の規模を圧縮するにしても簡単に人員整理はできませんし、一方でシニアの雇用継続を後押しする国の政策もありますので、こうしたベテラン社員の処遇に悩む企業も増えています。

わが国の産業を支えてきた大手メーカーの多くが直面しているのが、まさにこの「社員の高齢化」問題なのです。この難問に請負事業者の立場から挑み、解決に力を尽くすことこそ、日総工産が今後果たすべき役割なのではないかと思われます。

そこで、あらためて大手メーカーの製造部門でキャリアを重ねてきたベテラン社員の方々について考えてみると、その多くは非常に高い技能を持っていることに気づかされます。私たち請負事業者から見れば、こうした人たちの技能を生かす場はまだまだあるように思えます。現在勤めている会社では活躍の場がなくても、技能工の不足に悩んでいる企業などでは歓迎される可能性も高いのです。

このことから、当社では技能工を多く抱える企業との合弁によりベテラン人材を生かす人材会社を立ち上げ、一定の年齢に達したベテラン社員をそこに移籍し、彼らが活躍できる場を外に求めるという新しい人材事業の可能性を探ることとなりました。

高年齢の技能社員が多く在籍する企業にとっては、処遇や雇用継続の問題を解決できますし、技能社員自身も自らのスキルを生かす場を確保できることで生きがいを持って仕事に打ち込めるはずです。また、能力に応じて満足のいくレベルの給与も支払えるのではないかと考えます。

さらに、若い世代に技能を引き継ぐという教育の面でも多大な貢献が期待できます。会社の垣根を越えて、高い技能を有するベテラン社員たちを、技能工不足に悩む企業にマッチングさせ、再び活躍できる場を確保する——。まさに製造業の分野で人材事業に長年携わってきた当社ならではの新しいビジネスが展開できるのではないかと思います。

このほか、近年の新しい取り組みとしては、国の産業振興事業の受託が挙げられます。

2015(平成27)年および2016(平成28)年、日総工産は国土交通省「造船業を目指す若者を増やすための産学ネットワーク構築業務」を受託しました。深刻な技能者不足と高齢化に直面している造船業界の人材の掘り起こしが目的で、そのためのプロジェクトとして、長崎県長崎市、愛媛県今治市で造船関連のインターンシップ受け入れを実施しました。造船業のあらましを学ぶオリエンテーションや実際の現場での作業体験などを通じ、若い世代に造船業の魅力を再発見してもらうよう努めました。

「造船インターンシップ」参加者募集パンフレット

造船業界は私の古巣でもありますが、

将来に向けてまだまだ成長が見込める魅力的な業界でもあります。日総工産としては今後もこうした受託事業に積極的に取り組み、産業界の振興に微力ながら力を尽くしていきたいと考えています。

海外人材を日本で生かす新しい取り組みへ

最後に私自身の今後について述べさせていただきます。

代表権を返上し名誉会長に就任して間もなく1年が過ぎようとしていますが、以前と比べて私の生活は大きく変わりました。会社の実務にあれこれと口をはさむことは控えるようになった一方、役員たちから日常の業務で相談を受けることも少なくなりました。

半世紀にわたって会社の陣頭指揮をしてきた立場からすると、一抹の寂しさを感じているのは事実です。しかし、一線を退いてあらためて感じるのは、現役時代に思っていた以上に幹部たちが成長してきているということです。上席執行役員や本部長は以前と比べると明らかにレベルアップし、その下の部長、課長たちの実力も上がってきました。これはすばらしいことで、彼らの下で働く一般社員、さらには請負・派遣スタッフたちの力も自ずと底上げされていくと思っています。

日総工産の良さは、社員同士が信頼し合い、一つの目標に向かって互いに努力していくという社風にあると思います。お客様に真摯に対応するとともに、現場のスタッフや仲間たちにも誠実に向き合い、業界、ひいては社会から信頼を得られるよう、これからも日々努めていってもらいたいと思います。

さて、私自身ですが、まだまだ元気なうちは現役として社会に貢献していきたいと考えています。

そこで、個人としてすでに取り組みはじめた事業を一つご紹介しましょう。それは海外から日本へ人材の橋渡しをするプロジェクトです。

国内の人手不足はあらゆる業種で深刻化しており、政府が主導するようにこれからは海外の人材、労働力をいかに国内で生かしていくかが、国際社会における日本の競争力強化のカギになると思われます。

これについては本書で述べてきたように、日総工産でも中国との提携事業などの取り組みを重ねてきましたが、これとは別に、アジアの新興国に拠点をつくり、日本向けの技能・語学教育を行った上で日本に人材を送り届けるという、かつてない新しい試みを日総工産ではなく私個人が関わる事業としてスタートさせたのです。

海外の労働力を日本で受け入れるにあたっては、従来はさまざまな法的な制約がありましたが、2019（平成31）年4月の入管法改正により新しい在留資格「特定技能」が創設されたことで間口が広がり、海外人材の活用が一気に加速すると期待を集めています。

しかしながら、送り出しや受け入れを巡るブローカーの問題や、日本語によるコミュニケーションの難しさ、そして日本ならではの生活習慣、就労ルールなどの問題が壁となり、外国人の受け入れは政府が想定していたスピードでは進んでいないのが実状です。

これを解決するため、現地に日本語教育・技能教育を行う学校や送り出し機関を設立し、日本で受け入れる監理団体も設けて、人材の募集から教育・訓練、日本への招聘、受け入れに至るまで、一貫して対応できる仕組みを構築しようとしているのです。

まずは介護の分野で実績を出そうと、すでに動きはじめています。近い将来、皆さんに具体的な成果をご報告できるよう、今後はさらにピッチを上げて取り組んでいくつもりです。

サミュエル・ウルマン（1840―1924）というアメリカの実業家・詩人が遺した「青春（Youth）」という詩をご存じでしょうか。

勢揃いした家族全員に囲まれて

「青春とは人生のある一時期を指すのではなく、心の持ち方である」で始まるこの詩は、年齢に関係なく気持ちの持ち方次第で青春の情熱を持続できるという、いわば人生の応援歌です。

多くの財界人がこの「青春」に感銘を受け、愛唱するのがひと頃ブームになりました。松下幸之助はこの詩を次のように自分流にアレンジして書き換え、額に入れて座右の銘にしていたそうです。

青春とは心の若さである
信念と希望にあふれ、勇気にみちて日に新たな活動を続けるかぎり
青春は永遠にその人のものである

（「PHP友の会」ウェブサイトより）

私自身も以前から、松下幸之助が要約したこのフレーズを心の糧としてきました。

悩み苦しむことも多かった60年でしたが、この詩にあるように常に前向きに意欲をも

ってその時々の課題に向き合ってきたことで、何とか自分なりに経営者人生を全うすることができたのだと思います。

この「青春」のフレーズを胸に、これからも「人」に関わる分野で、若さと情熱をもって新しい挑戦を続けていきたいと願っています。

あとがき

最後までお読みいただき、誠にありがとうございました。

本書のタイトル「のっこむ！」には、意表を突かれたという方も多いことでしょう。第2章の冒頭でも触れましたが、「乗っ込む」＝「乗り込む」の意で、職人たちが連れ立って請負現場に入ることをかつてそう称していました。

私が60年にわたって携わってきた人材事業は、まさに「のっこむ！」の連続でした。新しい現場に入るたびに感じる緊張感や高揚感――言い換えれば、任される仕事に責任を持って取り組むんだという決意、自分たちならそこで最上の結果を残すことができるといったプライドが、この「のっこむ！」という一語に込められていたのだと思います。

この精神は、半世紀を経た現在も変わらず現場の最前線に引き継がれているものと思います。近年は配属前に行われる研修カリキュラムがさらに充実してきたことで、スキルと自信を身につけた現場スタッフたちは以前にも増して意気揚々と現場に〝乗り込んで〟いるはずです。これこそが創業以来「人づくり」に力を注いできた当社の強みであると言えます。

中国やインドの躍進、アジア、アフリカを中心とする新興国の台頭で、日本の産業は今後ますます熾烈を極める国際競争の波に晒されることになります。エピローグにも記しましたが、そこで日本の競争力を支える役割の一端を、私たち請負・派遣事業者が担うべきであると考えています。

ＡＩ化、自動化の進展もあり、私たちが生産現場で要求される技能、スキルは将来に向けてさらに高くなることでしょう。最先端のテクノロジーの動向を注視し、ノウハウ、スキルとしていち早く取り込み、教育の場に反映させていくという不断の努力が必要になることは間違いありません。

長く険しい道のりになると思いますが、「製造請負」の草創期から手探りで道を切り拓いてきた当社であれば、たとえ多くの困難が待ち受けていたとしても、それらを克服しながら乗り切れるはずです。私自身は一線を退きますが、日総工産のＤＮＡを受け継いだ社員たちが、さらなる高みを目指してこの先も歩みつづけてくれるものと確信しています。

本文でも記したとおり、当社は創業以来、会社の屋台骨を揺るがす多くの危機に直面してきました。特にオイルショック、リーマンショック、そして東日本大震災がもたらしたダメージは大きく、「もはやこれまでか」と腹を括らざるを得ない場面も何度が経験しました。にもかかわらずそれらを乗り越え、一昨年は念願の上場も果たし今日を迎えることができたのも、多くの皆さまの支えがあったからこそです。

長きにわたってお力添えいただいたお客様、関係先の皆さま、非力な私を支えつづけてくれた社員の皆さん、そして家族に心からの御礼を申し上げ、この回顧録を閉じたいと思います。

２０２０年１月　　清水 唯雄

profile

清水　唯雄

しみず・ただお

日総工産株式会社 取締役（名誉会長）。1936（昭和11）年8月21日、神奈川県横浜市に生まれる。日本鋼管（現・JFEスチール）勤務を経て、1971（昭和46）年2月、日総工営株式会社（現・日総工産株式会社）を設立、代表取締役社長に就任。日総工産代表取締役社長・会長を経て、2019（平成31）年4月、取締役（名誉会長）に就任。社会福祉法人近代老人福祉協会 理事長。一般社団法人日本生産技能労務協会 名誉相談役（元会長）。

日総工産株式会社

https://www.nisso.co.jp/

のっこむ!
「ものづくり日本」を人で支えた半世紀

2020年3月12日　第1刷発行

著　者　清水唯雄
発行者　長坂嘉昭
発行所　株式会社プレジデント社
〒 102-8641
東京都千代田区平河町2-16-1
平河町森タワー13階
https://www.president.co.jp
電話　編集(03) 3237-3732
販売(03) 3237-3731
編　集　桂木栄一
編集協力　千﨑研司(コギトスム)
装　丁　長 健司
制　作　関 結香
販　売　高橋徹　川井田美景　森田巌　末吉秀樹
印刷・製本　凸版印刷株式会社

ISBN978-4-8334-2362-5
Printed in Japan